Guide Microapp

Créez votre blog

Micro Application

1re Édition - Août 2008

Auteurs Olivier ABOU

Avertissement aux utilisateurs

Les informations contenues dans cet ouvrage sont données à titre indicatif et n'ont aucun caractère exhaustif voire certain. A titre d'exemple non limitatif, cet ouvrage peut vous proposer une ou plusieurs adresses de sites Web qui ne seront plus d'actualité ou dont le contenu aura changé au moment où vous en prendrez connaissance.

Aussi, ces informations ne sauraient engager la responsabilité de l'Editeur. La société MICRO APPLICATION ne pourra être tenue responsable de toute omission, erreur ou lacune qui aurait pu se glisser dans ce produit ainsi que des conséquences, quelles qu'elles soient, qui résulteraient des informations et indications fournies ainsi que de leur utilisation.

Tous les produits cités dans cet ouvrage sont protégés, et les marques déposées par leurs titulaires de droits respectifs. Cet ouvrage n'est ni édité, ni produit par le(s) propriétaire(s) de(s) programme(s) sur le(s)quel(s) il porte et les marques ne sont utilisées qu'à seule fin de désignation des produits en tant que noms de ces derniers.

ISBN : 978-2-300-01382-9

MICRO APPLICATION
20-22, rue des Petits-Hôtels
75010 PARIS
Tél. : 01 53 34 20 20 - Fax : 01 53 24 20 00
http://www.microapp.com

Support technique
Fax : 01 53 34 20 00
également disponible sur le site
www.microapp.com

Retrouvez des informations sur cet ouvrage !

Rendez-vous sur le site Internet de Micro Application **www.microapp.com**. Dans le module de recherche, sur la page d'accueil du site, entrez la référence à 4 chiffres indiquée sur le présent livre. Vous accédez directement à sa fiche produit.

Avant-propos

Tout en couleur, la collection GUIDE MICROAPP vous accompagne dans votre découverte d'un logiciel ou d'une technologie informatique. Grâce à une approche résolument pratique, centrée autour de nombreux exemples pas à pas, elle vous permet de réussir vos premières prises en main et de réaliser des opérations concrètes, rapidement et facilement, sans connaissance préalable du sujet traité.

Les ouvrages de la collection sont basés sur une structure identique :

- Des étapes numérotées, associées à des captures d'écran, vous permettent de suivre et de reproduire pas à pas l'exemple étudié.
- Des informations complémentaires au sujet traité vous sont délivrées. Présentées sous forme d'encadrés, elles sont repérables par l'icône ▶.
- Des définitions vous permettent de comprendre les termes et abréviations relatifs au logiciel ou à la technologie étudiée. Présentées sous forme d'encadrés, elles sont identifiables par l'icône ◉.

Complète, la collection GUIDE MICROAPP vous délivre des outils innovants pour rendre l'apprentissage encore plus enrichissant et convivial :

Le coin des passionnés, pour tous ceux qui souhaitent approfondir leurs connaissances et aller plus loin dans leur utilisaton du logiciel ou de la technologie étudiée.

Les Fiches pratiques, pour maîtriser en quelques clics une application précise.

Afin de faciliter la compréhension des techniques décrites, nous avons adopté les conventions typographiques suivantes :

- **Gras** : menu, commande, onglet, bouton
- *Italique* : rubrique, zone de texte, liste déroulante, case à cocher
- www.microapp.com : adresse Internet
- **Hotmail** : renvoi vers un encadré définition
- ✂ : indique, dans les programmes, un retour à la ligne involontaire dû aux contraintes de la mise en page

Sommaire

Chapitre 1

Créez votre blog en 10 minutes

Chapitre 2

Dites-le Haut et fort !

Chapitre 3

Personnalisez votre blog Haut et Fort

Chapitre 4

Créez un blog multimédia

Chapitre 5

Faites-vous connaître

Chapitre 6

Le coin des passionnés

Adoptez des outils complémentaires

Fiches pratiques

Introduction

Le terme *blog* est une abréviation de *web blog*. Il désigne un espace web constitué de messages, appelés billets ou articles, mis en ligne par le propriétaire du site et auxquels les visiteurs peuvent, le plus souvent, ajouter leurs propres commentaires.

Si la plupart des blogs sont proposés par des particuliers, de plus en plus d'entreprises ont adopté cet outil dans leur stratégie de communication. Elles peuvent ainsi annoncer leurs nouveaux produits, échanger directement des idées avec leurs clients, commenter l'évolution de leur marché, etc.

Vous allez le voir dans ce guide, il existe plusieurs façons de créer votre propre blog sur Internet. Si vous êtes pressé, ou si vous ne disposez pas de compétences techniques avancées, le premier chapitre, dédié à Blogger (service de blog gratuit de Google), devrait vous intéresser. Il vous permet de mettre en place un blog en quelques clics, sans compétence informatique. Il suffit de remplir différents formulaires ; vous pourrez saisir immédiatement après vos premiers billets.

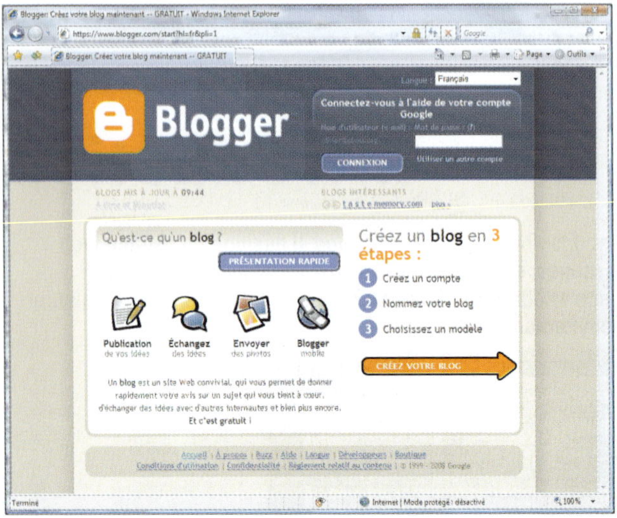

Toutefois, si vous souhaitez bénéficier d'un outil plus puissant et plus complet, ou profiter du support de toute une communauté de blogueurs, les chapitres 2 et 3 dédiés au service Haut Et Fort vous concernent particulièrement.

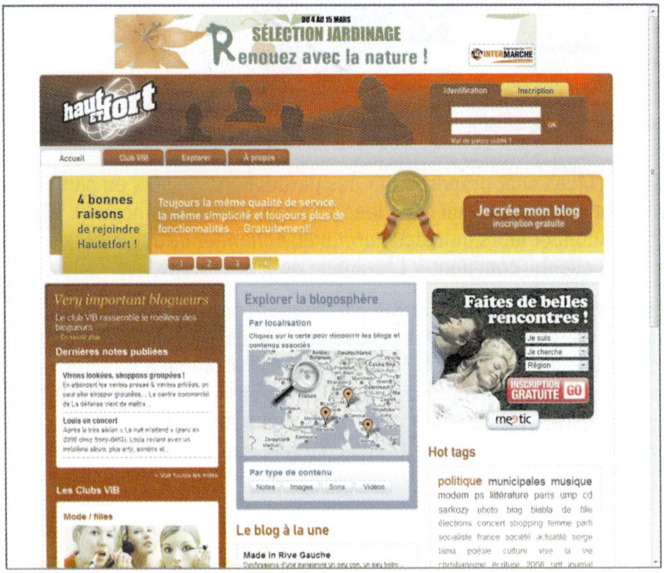

Dans un autre registre, si vous souhaitez mettre en ligne essentiellement des fichiers multimédias, rien ne vous empêche d'adopter un service de blogs spécialisés. Ou d'adopter certaines commandes spécifiques avec Haut et Fort. Rendez-vous dans ce cas au chapitre 4.

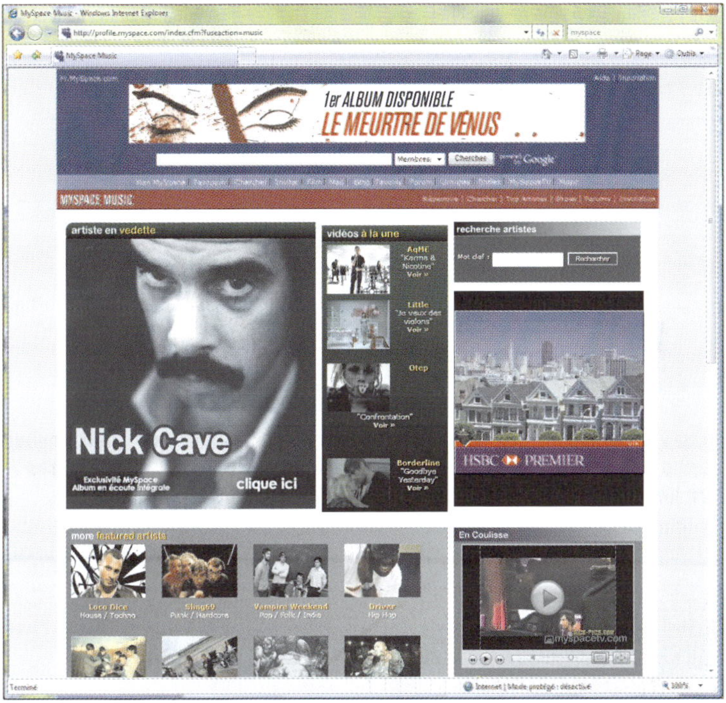

Mais créer un blog ne suffit pas. Il faut également le faire connaître, surtout si vous souhaitez le faire vivre avec les commentaires des utilisateurs. Le chapitre 5 vous indiquera toutes les techniques pour promouvoir et référencer votre blog sur Internet.

Une fois votre blog créé et référencé, vous serez probablement amené à le faire évoluer de différentes manières. Le chapitre 6 vous sera d'une grande utilité. Il vous indiquera comment intégrer, dans votre blog, des fonctionnalités supplémentaires. Cela contribuera, sans nul doute, à améliorer sa visibilité sur Internet et à fidéliser vos visiteurs.

Enfin, si vous disposez des compétences techniques nécessaires, rien ne vous empêche d'installer et de créer votre propre blog. Il suffit de disposer de son propre hébergement et d'adopter un blog dont les scripts sont disponibles gratuitement. Citons, par exemple, DotClear ou WordPress. Dans ce cas, vous ne passerez plus par un service spécialisé et serez entièrement maître à bord.

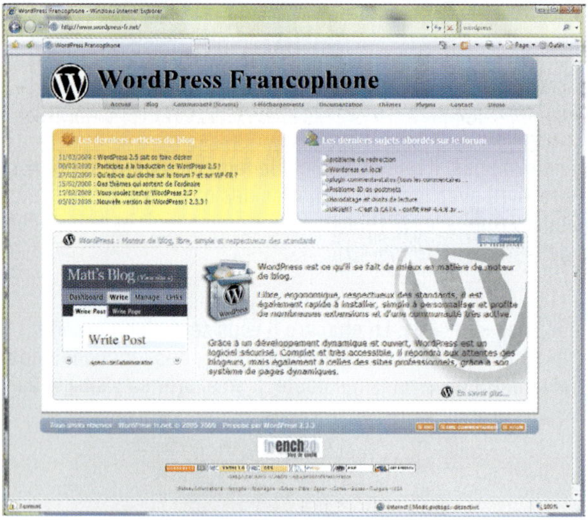

Chapitre 1

Créez votre blog en 10 minutes

Vous n'avez pas de temps à perdre ? Un blog simple vous suffit et vous n'avez pas besoin de fonctionnalités avancées ? Le service Blogger, proposé par le célèbre moteur de recherche Google, devrait vous convenir. Son maître mot : la simplicité. Cela permet de créer votre premier blog très rapidement et constitue une bonne entrée en matière dans l'univers des blogs.

Faire le bon choix

Les blogs sur Internet ne sont pas compatibles. Cela signifie que lorsque vous optez pour un service, il sera très difficile d'en changer. Impossible, en effet, de reprendre automatiquement ses anciens billets pour les publier sur un nouveau service. Dès lors, prenez le temps nécessaire pour effectuer le bon choix du service à adopter, dès le départ.

Adoptez Blogger

Pour diffuser vos informations dans un blog avec Blogger, vous devez créer et configurer dans un premier temps votre propre blog en suivant les différentes étapes d'inscription à partir de la page d'accueil du service : www.blogger.com.

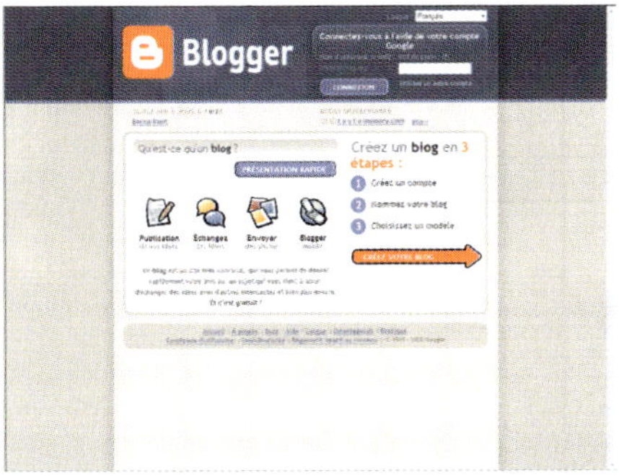

Toutefois, cette procédure peut s'effectuer plus rapidement. Il suffit de créer un compte utilisateur pour employer tous les services proposés par Google : GMail pour le courrier électronique, Picasa pour la gestion de vos images et photos, etc. La technique, pour créer un tel compte, est très simple.

Créez *un compte Google*

Pour utiliser, avec Blogger, un compte valable pour tous les services de Google, vous pouvez créer un compte utilisateur sur le site principal de Google. Voici la procédure à suivre :

1 Connectez-vous sur le site principal du moteur de recherche français : www.google.fr.

2 Cliquez sur le lien *Connexion* en haut à droite de la page.

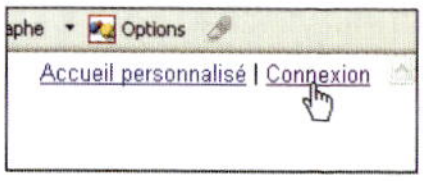

3 Dans la page qui s'affiche, cliquez sur le lien *Créez un compte maintenant*.

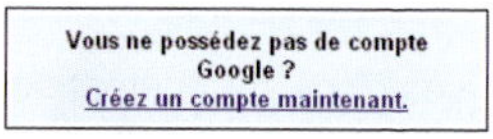

4 Dans les champs *Votre adresse e-mail actuelle* et *Choisissez un mot de passe*, indiquez votre adresse de courrier électronique et un mot de passe de votre choix contenant au moins 6 caractères. Entrez une seconde fois ce mot de passe dans la zone de texte *Veuillez ressaisir votre mot de passe*. Tapez, dans le dernier champ texte, le texte qui apparaît sous la section *Vérification des mots*. Cochez l'option permettant de confirmer votre acceptation des règles d'utilisation du service. N'oubliez pas d'indiquer également votre pays de résidence. Cliquez sur le bouton **J'accepte. Créer un compte**.

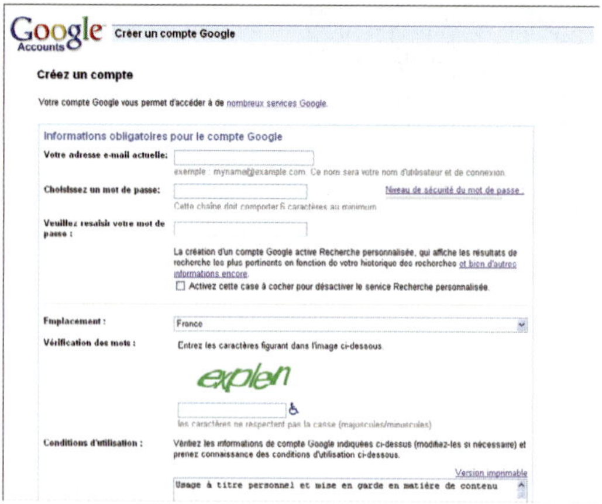

5 Une nouvelle page s'affiche et vous indique qu'un e-mail vient de vous être envoyé. Celui-ci contient une URL sur laquelle vous devez cliquer pour valider la création de votre compte.

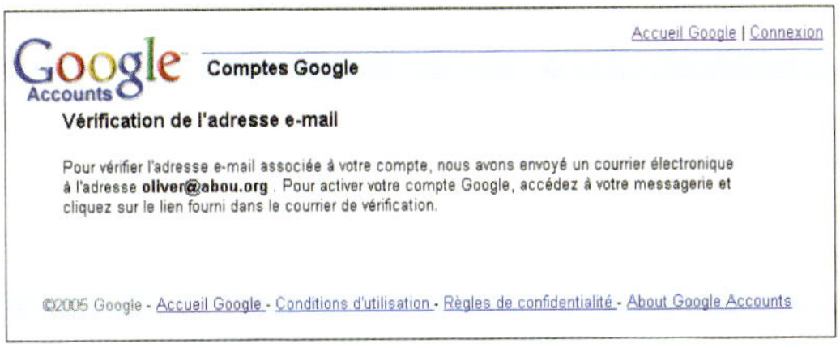

Vous disposez à présent d'un compte sur Google. Un tel compte vous sera utile lorsque vous emploierez certains services de Google. Vous pourrez l'utiliser également pour créer votre blog avec Blogger. Ainsi, la procédure de création de votre blog se déroulera plus rapidement.

Ouvrez votre blog

Si vous souhaitez créer et utiliser rapidement votre propre blog, voici la procédure à suivre avec Blogger :

1 Connectez-vous sur la page d'accueil du service ; elle est disponible ici : https://www.blogger.com/start.

2 À partir de la page qui s'affiche, cliquez sur le lien *CRÉEZ VOTRE BLOG*.

3 Une nouvelle page apparaît à l'écran et vous propose un formulaire à remplir pour créer immédiatement un compte sur Blogger. Ce compte pourra être utilisé sur certains autres services de Google, tel celui du courrier électronique (GMail).

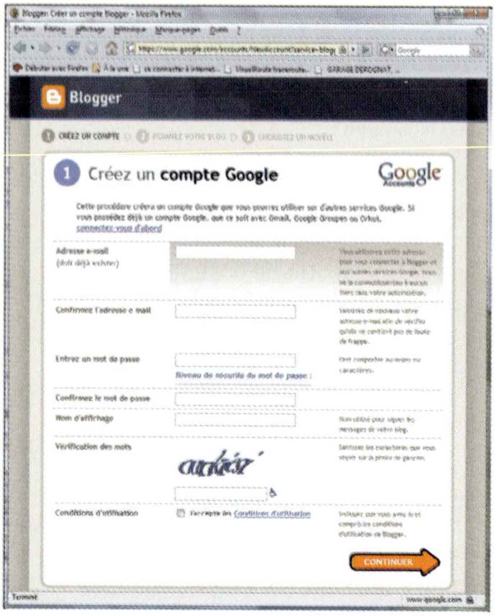

Compte d'utilisateur général

Si vous disposez déjà d'un compte d'utilisateur pour employer tous les services de Google, il suffit de l'indiquer en haut de la page d'accueil de Blogger, dans le formulaire prévu à cet effet. Ainsi, vous n'aurez pas à remplir le formulaire de la première étape d'inscription sur le service de blog de Google.

4 Inscrivez votre adresse de courrier électronique dans le premier champ et un mot de passe dans le second.

Choix du mot de passe et adresse électronique

Votre mot de passe doit contenir au moins 8 caractères. Indiquez une adresse de courrier électronique valide pour confirmer votre inscription et pour recevoir des informations, à propos du fonctionnement de votre blog, émanant du service technique de Blogger.

5 Inscrivez une nouvelle fois le mot de passe que vous avez choisi pour le confirmer et spécifiez le nom que vous allez utiliser pour signer le contenu des messages que vous enverrez sur votre blog dans la zone de texte *Nom d'affichage*.

6 Recopiez le code de sécurité sous la section *Vérification des mots*. Cliquez sur le lien *Conditions d'utilisation* pour lire les termes d'utilisation du service. S'ils vous conviennent, cochez l'option *J'accepte les Conditions d'utilisation* et cliquez sur le bouton **CONTINUER**.

Information à ne pas oublier

Les informations que vous venez de donner pour la création de votre compte vous seront utiles pour vous connecter dans l'espace d'administration de votre blog et publier tous vos billets. Il convient donc de ne pas les perdre. Elles vous seront demandées chaque fois que vous accéderez à la page d'accueil de Blogger pour vous authentifier et éditer ainsi le contenu de votre blog. Toutefois, vous disposez d'une procédure spécifique pour récupérer votre mot de passe si vous l'avez oublié.

La première étape de création du blog, à savoir la création d'un compte, vient de se terminer. La deuxième étape commence immédiatement et permet d'identifier votre blog en lui attribuant un intitulé qui sera repris dans son adresse web.

Procédez ainsi :

1 Dans la nouvelle page qui s'affiche, donnez un titre à votre blog.

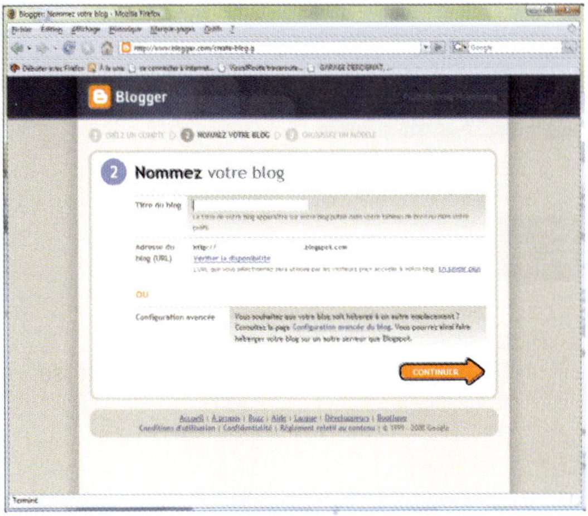

2 Indiquez dans le champ suivant l'adresse de votre blog. Elle sera obligatoirement de la forme http://nom_de_votre_blog.blogspot.com.

3 Cliquez sur le lien *Vérifier la disponibilité* pour vérifier que l'adresse choisie est libre. Si c'est le cas, cliquez sur le bouton **CONTINUER** pour terminer cette deuxième étape. Sinon, inscrivez une autre adresse.

Hébergement personnalisé

Vous pouvez héberger votre blog sur le serveur de votre choix, par exemple celui de votre fournisseur d'accès Internet. Cliquez sur le lien *Configuration avancée du blog* pour accéder à des options supplémentaires qui vous permettront d'indiquer différentes informations techniques pour permettre le transfert du blog sur le serveur de votre choix. Par exemple, l'adresse du serveur FTP qui vous permet de mettre en ligne les différents éléments de votre site. Une telle fonctionnalité d'hébergement personnalisé s'avère effectivement très utile si vous possédez déjà un site personnel et que vous souhaitiez ajouter un blog à votre espace.

Passez à présent à la dernière étape de la création de votre blog, c'est-à-dire le choix d'un modèle pour mettre en page vos billets. Il existe plusieurs modèles de mise en page prédéfinis pour personnaliser votre blog.

Procédez ainsi :

1 Dans la page qui s'affiche, vous avez à votre disposition une dizaine de modèles de blog que vous pouvez consulter en faisant défiler la liste correspondante.

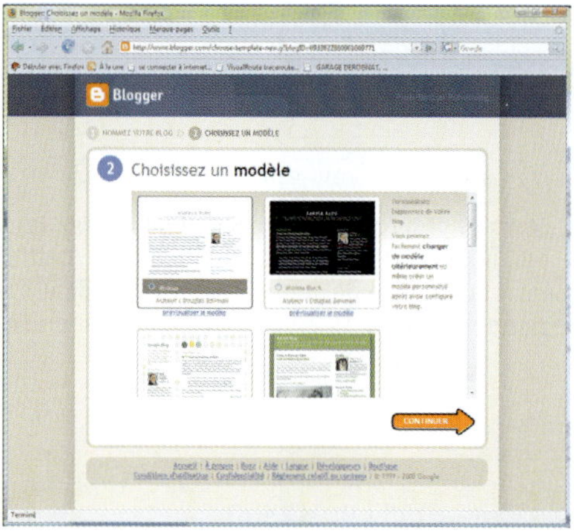

2 Cliquez sur le modèle du blog qui vous intéresse et que vous souhaitez utiliser pour le vôtre.

Pour en voir plus

Cliquez sur le lien *Prévisualiser le modèle* disponible sous chaque vignette représentant une mise en page prédéfinie de blog pour visualiser de façon plus complète le modèle qui vous intéresse.

3 Cliquez sur le bouton **CONTINUER** pour créer votre blog.

4 Une page de confirmation s'affiche immédiatement après. Elle vous informe que votre compte a bien été créé et que la mise en place de votre blog s'est effectuée avec succès.

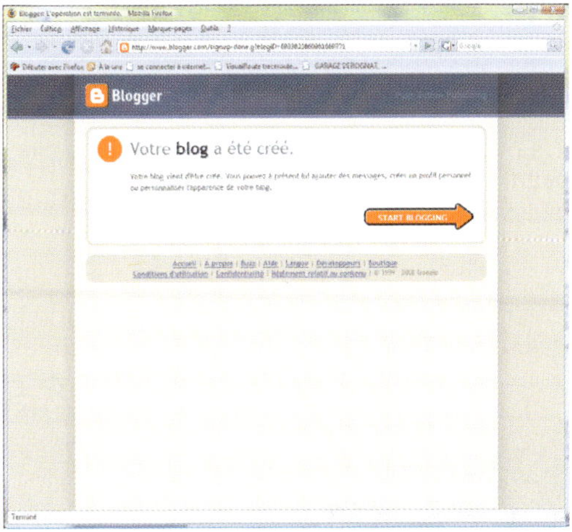

Écrivez *votre premier billet*

Maintenant que vous disposez de votre propre blog, il vous reste à l'alimenter avec vos messages, au jour le jour. Réunissez toutes vos informations à mettre en ligne et passez immédiatement à la création de votre premier billet. Celui qui annoncera, par exemple, la naissance de votre blog et qui en présentera le contenu futur.

Procédez ainsi :

1 Sur la page qui s'est affichée pour vous informer de la création de votre blog, cliquez sur le bouton en forme de flèche, **START BLOGGING**.

2 Pour mettre en ligne sur votre blog votre première information, vous disposez d'une interface d'administration composée de plusieurs onglets. Sous l'onglet **Publication d'un message**, section *Créer*, vous pouvez rédiger le contenu de votre billet, à savoir le titre et son message.

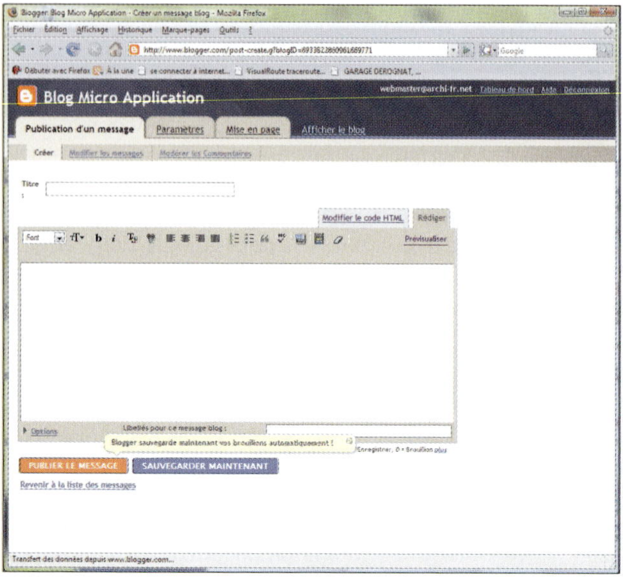

3 Indiquez l'objet du billet que vous proposez sur votre blog sous le champ *Titre* et inscrivez le texte de votre message dans le cadre prévu à cet effet. Vous disposez d'une barre d'outils, dans la partie supérieure du cadre dédié à la saisie de votre texte, pour mettre en forme votre texte : gras, italique, couleur de la police, choix de la police, taille des caractères, intégration d'images, etc.

Mettre en ligne des films et de la musique

Pour mettre en ligne des fichiers multimédias, il suffit de les déposer sur un serveur, celui de votre fournisseur d'accès Internet par exemple, et de créer le lien correspondant à leur adresse dans votre message. Pour créer un tel lien, vous disposez d'une commande **Link**, que vous trouverez dans la barre d'outils du cadre dédié à la saisie de votre texte.

4 Vous pouvez autoriser la mise en ligne des commentaires sur votre message par d'autres utilisateurs en cliquant sur le lien *Options* situé en bas de message et en sélectionnant l'option *Autoriser* sous la section *Commentaires de lecteur*.

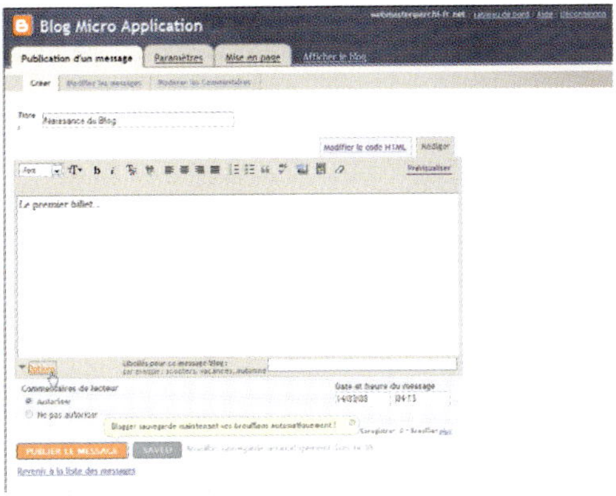

5 Pour publier votre billet, cliquez sur le bouton **PUBLIER LE MESSAGE**. Votre message a été automatiquement sauvegardé sur le serveur de Google, ce qui vous permet, si vous le souhaitez, de le mettre en ligne plus tard. Si la sauvegarde n'est pas effectuée automatiquement, cliquez sur le bouton **Sauvegarder maintenant**. Ce bouton change d'intitulé après la sauvegarde automatique, ou non, de votre message (il prendra l'intitulé **Enregistré** lorsque l'enregistrement automatique aura été effectué).

6 Immédiatement après avoir publié votre texte, une nouvelle page s'affiche, vous indiquant que votre billet est en ligne. Dès lors, les lecteurs de votre blog peuvent l'afficher dans leur navigateur. Pour ajouter encore un autre billet, cliquez sur le lien *Créer un message blog* sur cette page.

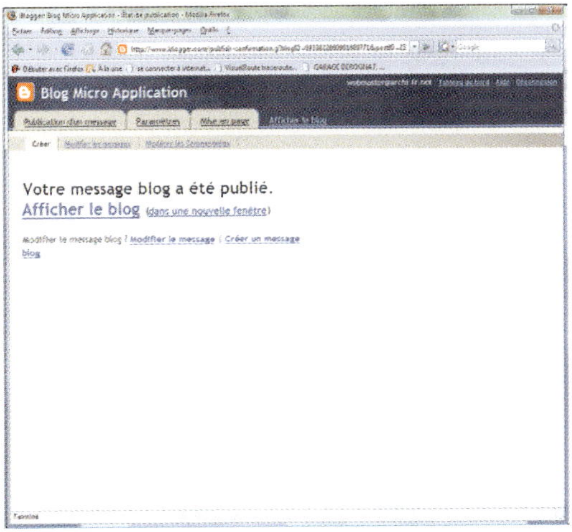

7 Au terme de cette publication, vous disposez d'un autre lien pour modifier votre texte après sa mise en ligne, si cela s'avère nécessaire. Cliquez sur le lien *Modifier le message* pour retrouver l'interface de création de votre message et effectuer toutes les corrections que vous souhaitez.

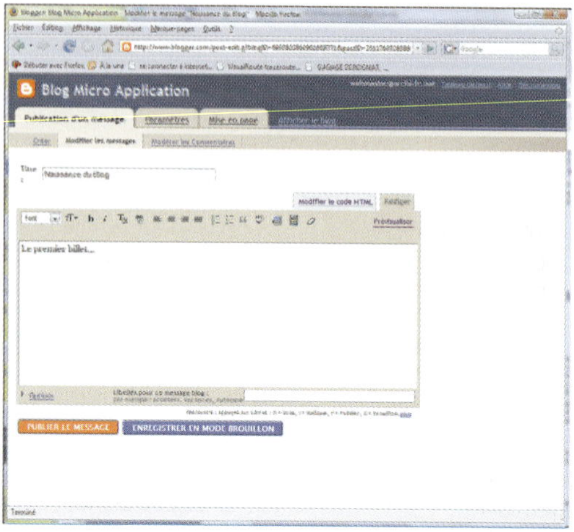

8 Cliquez sur le lien *Afficher le blog* pour consulter votre billet directement sur le site de votre blog, comme le ferait n'importe quel autre internaute qui se connecterait sur votre espace. L'adresse qui s'affiche dans la barre d'adresses de votre navigateur prend la forme http://nom_du_blog.blogspot.com. Dès lors, si vous souhaitez communiquer l'URL de votre blog à vos contacts, vous devrez leur donner cette adresse.

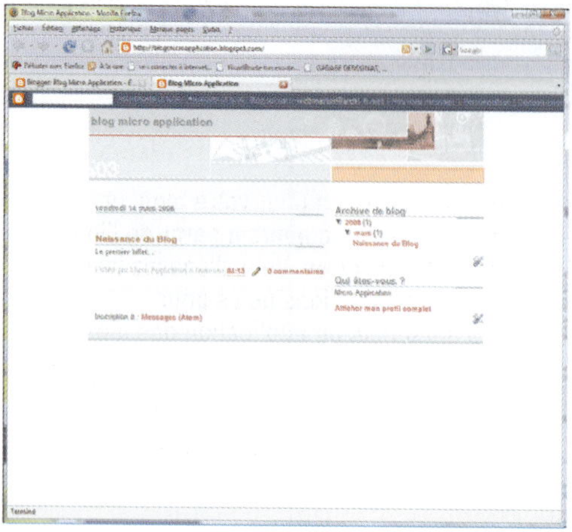

URL

Abréviation anglaise pour *Uniform Resource Locator*. Correspond à une adresse web.

Liste des messages

Après la publication de votre premier billet, vous disposez d'un nouveau lien qui est apparu dans l'interface d'administration de Blogger : *Revenir à la liste des messages*. Comme son nom l'indique, il permet d'afficher, sous forme de tableau, tous les messages que vous avez publiés sur votre blog. De cette façon, vous pouvez rapidement accéder aux commandes de modification de vos billets pour les mettre à jour, par exemple. Vous pouvez également les afficher immédiatement, les trier et les supprimer d'un clic de souris. Vous pouvez en outre afficher cette liste pour tous les messages que vous avez saisis à partir de l'interface de création des messages. Ou afficher uniquement ceux qui ont été réellement publiés en ligne, ou uniquement ceux que vous avez sauvegardés sans les avoir mis en ligne.

Votre blog a été créé en quelques minutes et il peut fonctionner immédiatement après sa création, sans qu'il soit nécessaire d'éditer les paramètres de configuration de votre espace personnel sur Blogger. Mais à la vue du résultat de votre premier billet publié, il y a de grandes chances pour que vous souhaitiez mieux personnaliser les informations que vous allez mettre en ligne. Voyons maintenant les différents outils dont vous disposez pour le faire.

Personnalisez votre blog

Pour modifier la configuration proposée par défaut pour votre blog, et l'adapter à vos besoins et à la situation, cliquez, toujours à partir de l'interface d'administration de blogger, sur l'onglet **Paramètres**. Vous disposez ici de plusieurs sections qui contiennent différentes options utiles pour personnaliser au mieux votre espace personnel de publication des messages.

- *Général* permet d'indiquer les informations principales de votre blog : titre, description de son contenu, insertion ou non dans l'annuaire des blogs du service Blogger, insertion de liens pour que vos clients puissent envoyer par courrier électronique certains de vos messages à d'autres personnes, etc.

Cliquez sur le bouton **Enregistrer les paramètres** pour sauvegarder la nouvelle configuration de votre blog. Vous pouvez également supprimer votre espace personnel sur Blogger avec le bouton **Supprimer ce blog** situé en bas de la page à droite.

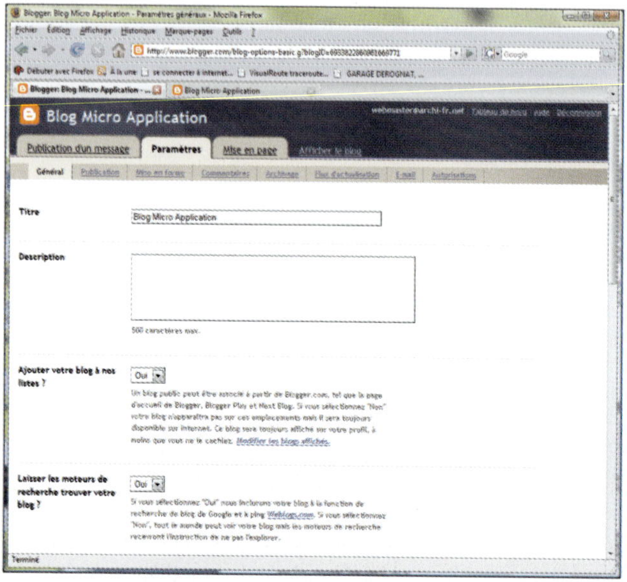

- *Publication* permet de modifier les informations associées à la publication de tous vos messages sur votre espace personnel. Vous pouvez ainsi changer l'adresse de votre blog et souscrire au service *Weblogs.com* qui permet de tenir vos lecteurs réguliers informés de toutes les mises à jour que vous effectuez sur votre site, notamment l'insertion de nouveaux billets, la mise à jour d'un message déjà publié, etc.

Changer l'adresse de votre blog

Lorsque vous choisissez une nouvelle adresse pour votre blog, celle-ci doit être disponible ; autrement, il sera impossible de la valider lorsque vous cliquerez sur le bouton **Enregistrer les paramètres** pour sauvegarder votre nouvelle configuration. Pensez à faire une petite vérification avant.

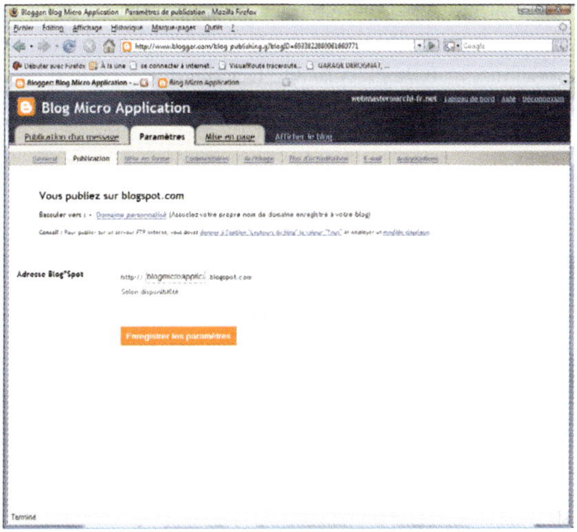

- *Mise en forme*. Les options de cette section sont conçues pour la mise en forme de différentes informations dont la plupart sont intégrées par défaut dans tous les blogs du blogger. Par exemple, le nombre de jours affichés par page, le format des dates pour les titres de page et des index, le modèle d'affichage de l'heure de publipostage, la zone du fuseau horaire correspondant au pays depuis lequel vous postez vos billets, le langage à utiliser pour les dates, le standard d'encodage des caractères, la conversion ou non des retours à la ligne, etc.

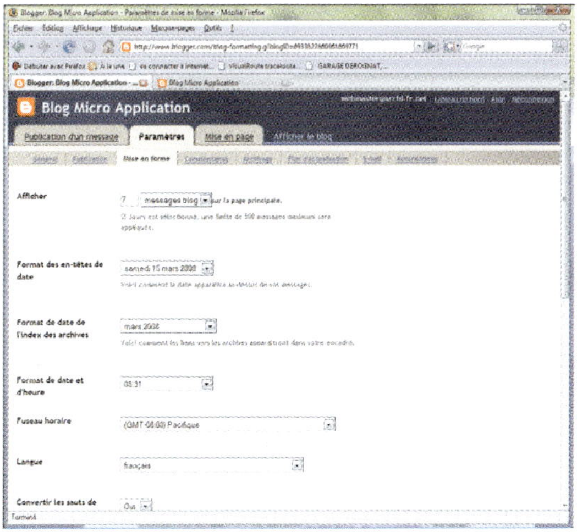

- *Commentaires*. Les blogs permettent généralement au public de poster des commentaires à propos des messages laissés par le responsable du site. Vous disposez ici de plusieurs options pour gérer les commentaires des utilisateurs. Ainsi, les options *Afficher* et *Masquer* de la section *Commentaires* permettent respectivement d'afficher ou de masquer les commentaires du public. Cette possibilité s'avère fort intéressante pour rendre plus vivant votre espace personnel et, avec le temps, mettre en place une véritable communauté virtuelle. Cela permet d'animer en toute simplicité votre blog, à condition toutefois d'être vigilant sur le contrôle des messages. Vous avez effectivement la possibilité de les modérer. Il ne faudra pas hésiter à le faire si un utilisateur commence, par exemple, à injurier les autres lecteurs de votre blog.

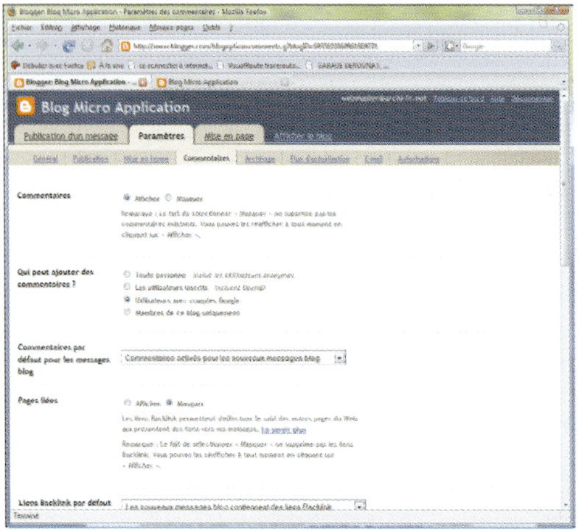

Supprimer sans suppression

L'option *Masquer* ne permet pas de supprimer les commentaires existants des utilisateurs. Vous pouvez les réafficher à n'importe quel moment en sélectionnant l'option *Afficher*.

Vous pouvez autoriser tous les internautes à poster des commentaires ou seulement des utilisateurs enregistrés avec les options de la liste déroulante *Qui peut ajouter des commentaires ?*. Par défaut, vous pouvez également autoriser ou interdire les commentaires, et définir le format des dates qui accompagnent chaque message envoyé par les internautes.

Vous pouvez aussi définir le mode d'affichage des commentaires, dans une fenêtre indépendante (appelée pop up) ou non, et indiquer une adresse de courrier électronique vers laquelle une notification sera envoyée chaque fois qu'un utilisateur poste un commentaire sur votre blog à propos d'un message que vous avez publié.

- *Archivage*. Définissez ici la fréquence d'archivage des billets et commentaires de votre blog avec la liste déroulante *Fréquence d'archivage*. Vous pouvez opter pour une fréquence quotidienne, hebdomadaire, mensuelle (option par défaut) ou pour aucune archive. Choisissez un archivage quotidien ou hebdomadaire si votre espace de communication génère un grand nombre de messages. Vous pouvez également activer, avec la dernière option de la page, un dispositif d'affichage de vos billets par pages. Cela signifie que vous pouvez dédier une page entière à chacun de vos billets publiés sur le blog.

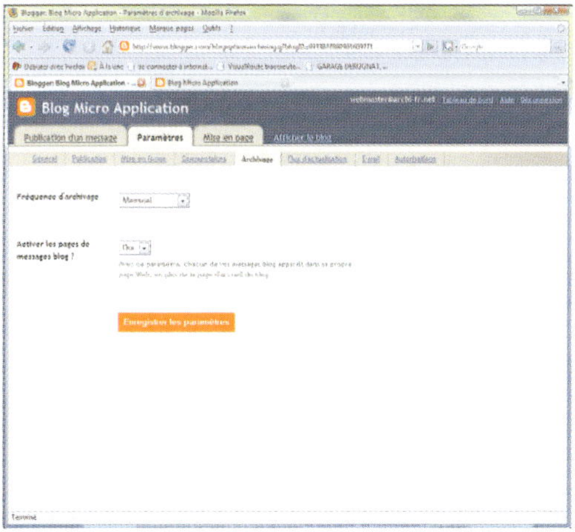

- *Flux d'actualisation*. Les utilisateurs ont la possibilité de lire vos billets publiés sur votre blog directement à partir de leur navigateur, sans se connecter sur votre site. Il suffit de s'abonner aux flux d'informations de votre blog. De votre côté, vous devez spécifier la façon dont vous souhaitez diffuser vos messages via le flux. Sélectionnez l'option *Complet* pour diffuser la totalité du contenu de vos messages avec le flux d'informations de votre blog. À l'inverse, sélectionnez l'option *Partiel* si vous ne souhaitez pas diffuser l'intégralité du contenu textuel de vos billets, mais uniquement le premier paragraphe, ou les 255 premiers caractères environ lorsque le premier paragraphe excède cette limite. Ce paramètre sera appliqué à chaque type de flux (les billets du blog et les commentaires sur tous vos messages).

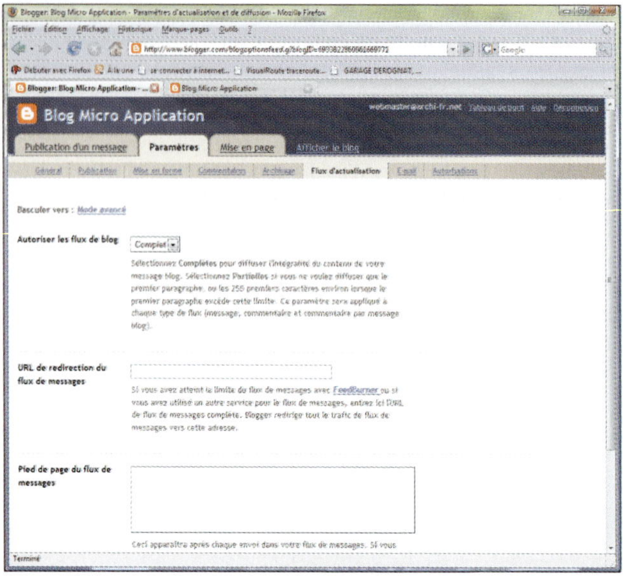

Syndication du contenu

Si votre blog devient connu sur Internet, plusieurs sites souhaiteront intégrer son contenu dans leur page. Vous devrez alors probablement configurer plus finement vos flux d'actualisation. Cela peut se faire facilement en cliquant sur le lien *Mode Avancé* pour accéder à de nouvelles options. Dans la page qui s'affiche, vous pouvez déterminer, pour chaque type de flux, le mode de diffusion (complet, partiel ou aucun).

Lorsque vous sélectionnez la seconde option, qui permet de récupérer uniquement le premier paragraphe du texte de vos billets (ou environ les 255 premiers caractères), les utilisateurs devront cliquer sur l'extrait du message qui les intéresse pour lire la suite, ce qui permettra de se connecter directement sur votre blog pour accéder à la totalité du billet.

- *E-mail*. Chaque fois que vous publiez un nouveau message sur votre blog, Blogger peut envoyer automatiquement un message à l'adresse que vous spécifierez dans la zone de texte intitulée *Adresse BlogSend*. Vous pouvez également créer une adresse de courrier électronique que vous utiliserez pour envoyer les messages des billets que vous souhaitez publier sur votre blog. Ainsi, il sera inutile de vous connecter à chaque fois sur l'interface d'administration de Blogger, la procédure d'insertion des nouveaux messages pourra s'effectuer à partir de l'interface de votre logiciel de courrier électronique.

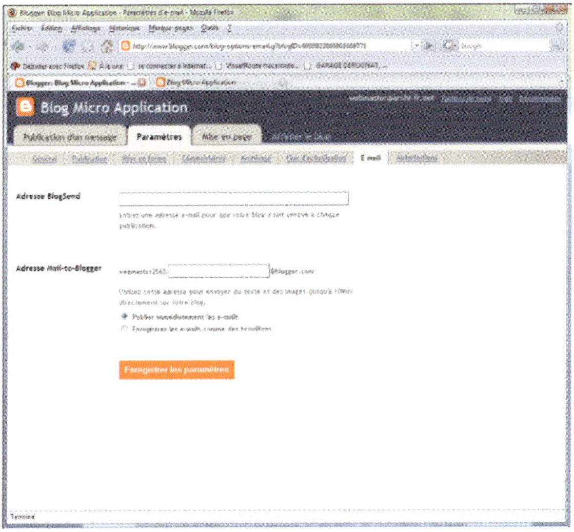

Une adresse qui doit rester confidentielle

Bien entendu, vous ne devez communiquer à personne l'adresse de publication de vos messages par courrier électronique. Pas question non plus de l'afficher publiquement sur votre blog.

- *Autorisations*. Les options de cette section vous permettent de gérer les utilisateurs enregistrés qui auront les permissions de visualiser ou d'envoyer de nouveaux billets sur votre blog. Vous pouvez supprimer leur compte, leur donner le statut d'administrateur ou leur écrire un message. Cliquez sur le bouton **Ajouter des auteurs** pour ajouter de nouveaux utilisateurs qui auront les permissions de publication de messages sur votre blog, dans votre équipe.

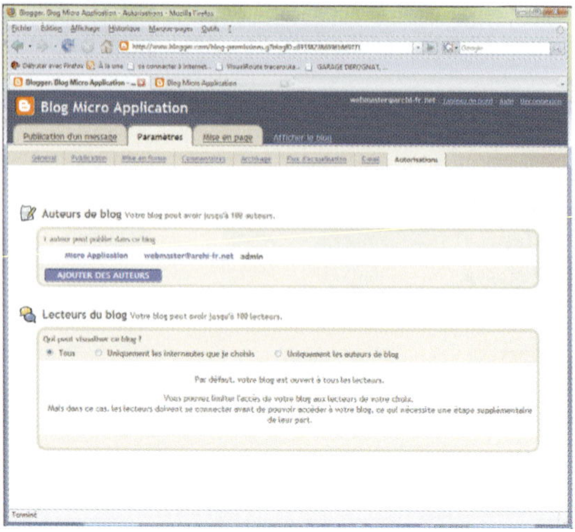

Toujours dans le domaine de la personnalisation de votre nouvel espace de communication sur Internet, vous pouvez modifier à n'importe quel moment le modèle de votre blog, c'est-à-dire la charte graphique. Si cela vous intéresse, voici les outils dont vous disposez :

1 Cliquez sur l'onglet **Mise en page** et sur la section *Éléments de la page* pour afficher une nouvelle page qui vous permettra de modifier plusieurs paramètres du modèle du blog que vous utilisez actuellement.

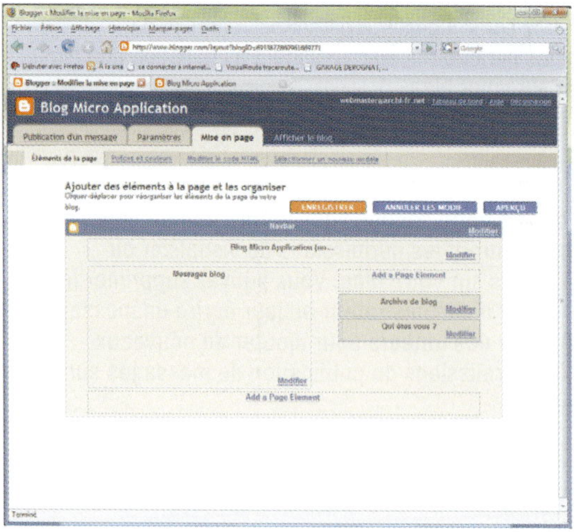

2 Cliquez par exemple sur le lien *Modifier* situé dans le cadre *Navbar* pour sélectionner un autre type de barre de navigation et de barre d'outils qui seront intégrées à votre blog.

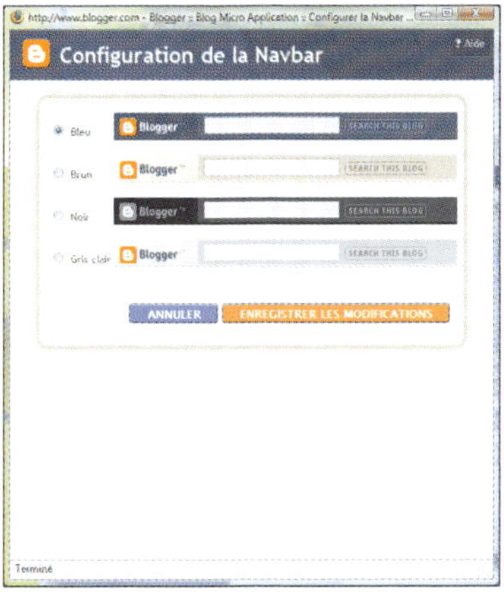

3 Si vous en avez les compétences, vous pouvez modifier directement, dans le cadre conçu à cet effet, le code source des pages générées automatiquement pour vos messages. Cliquez sur le lien *Modifier le code HTML*.

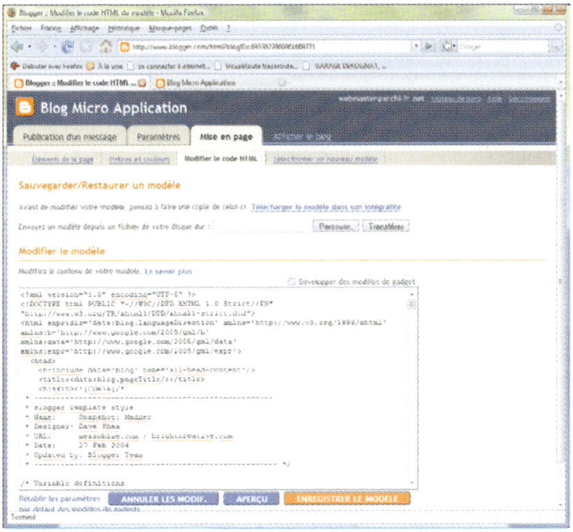

4 Cliquez sur le bouton **APERÇU** pour obtenir un aperçu des modifications que vous avez effectuées avant de les publier.

5 Cliquez sur le bouton **ANNULER LES MODIF.** pour annuler toutes les modifications que vous avez effectuées si elles ne vous conviennent pas.

6 Cliquez sur le bouton **ENREGISTRER LE MODÈLE** pour sauvegarder vos changements et les rendre immédiatement opérationnels.

7 Cliquez sur la section *Sélectionner un nouveau modèle* disponible sous l'onglet **Mise en page** pour sélectionner directement un nouveau modèle de blog. Ainsi, il n'est pas nécessaire de modifier le code source d'un modèle existant, vous pouvez en choisir un qui vous convient mieux pour changer ainsi d'un simple clic l'ambiance et la mise en page de votre blog.

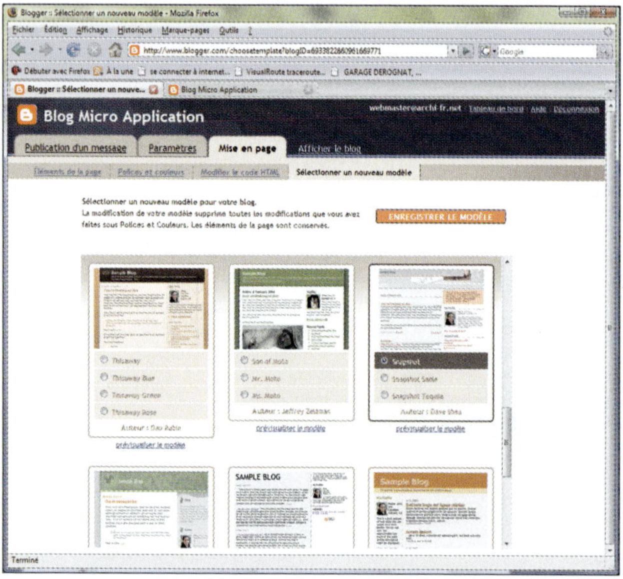

8 Dans la page qui s'affiche, prenez le temps de consulter tous les modèles que l'on vous propose en cliquant, si nécessaire, sur le lien *Prévisualiser le modèle* qui accompagne chacune des vignettes de mise en page de blog. Elles s'afficheront dans une fenêtre indépendante, dans leur taille réelle.

9 Sélectionnez un modèle qui vous intéresse et cliquez sur le bouton **ENREGISTRER LE MODÈLE** pour l'adopter immédiatement sur votre blog.

Pour terminer cette partie dédiée à la mise en place de votre blog en moins de 10 minutes montre en main, il convient de connaître la procédure qui vous permettra d'effacer certains messages à n'importe quel moment lorsque cela sera nécessaire. Vous devez effectivement bien maîtriser toutes les commandes de mises à jour de votre blog pour faire face à toutes les situations possibles.

Procédez ainsi :

1 Cliquez sur l'onglet **Publication d'un message**.

2 Cliquez sur la section *Modifier les messages*.

3 Dans la page qui s'affiche, vous pouvez modifier le contenu d'un message en cliquant sur le lien *Modifier* correspondant.

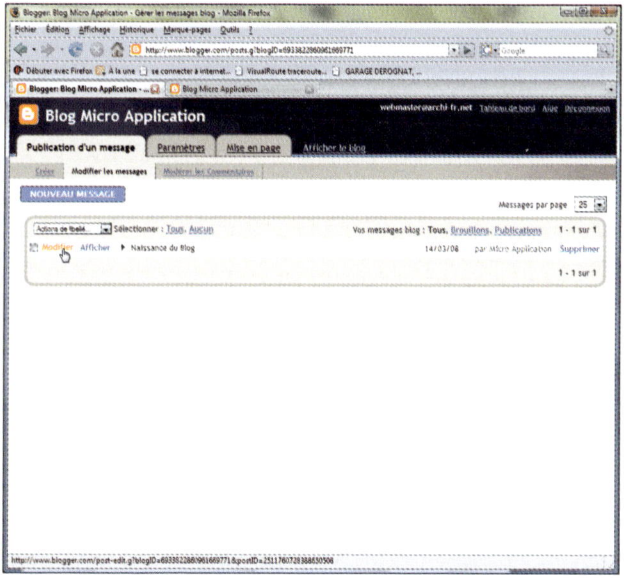

4 Vous pouvez consulter le contenu d'un message en cliquant sur le lien *Afficher* qui l'accompagne.

5 Pour supprimer un message de votre blog, cliquez sur le lien *Supprimer* correspondant.

Chapitre 2

Dites-le Haut et fort !

L'offre pour la création de blogs sur Internet est vaste. Toutefois, certains services rencontrent un large succès et vous pourrez les adopter les yeux fermés. Ils ont effectivement fait leur preuve depuis longtemps et leur fiabilité ne laisse aucun doute. De plus, pour celui que nous avons choisi, Haut et fort, vous disposez d'un grand nombre de fonctions puissantes pour créer un espace de communication professionnel et qui ne laisse rien au hasard. Tout a effectivement été prévu pour mettre en place, dans les moindres détails, votre nouvel outil de communication sur Internet

L'offre Haut et fort

Haut et fort propose trois offres. La première, correspond à une offre gratuite pour la création d'un blog. Vous disposez de 30 Mo d'espace pour l'hébergement de vos fichiers et de nombreuses fonctions. La deuxième offre, Classic (5,90 €/mois), vous permet de disposer d'un blog et d'un photoblog avec un espace de stockage de 50 Mo et de plus de fonctions, sans publicité imposée, à la différence de l'offre gratuite. Enfin, l'offre Pro (14,90 €/mois) permet de disposer de 5 blogs et de 5 photoblogs avec une centaine de fonctionnalités (blog collaboratif, fonction d'exportation, etc.) dans un espace de 1 Go. Avec cette dernière formule, vous bénéficiez également d'un nom de domaine.

Adoptez Haut et fort

Pour diffuser vos informations dans un blog avec Haut et fort, vous devez créer et configurer dans un premier temps votre propre blog en suivant les différentes étapes d'inscription à partir de la page d'accueil du service : www.hautetfort.com. Il suffit de cliquer sur le bouton **Je crée mon blog inscription gratuite**.

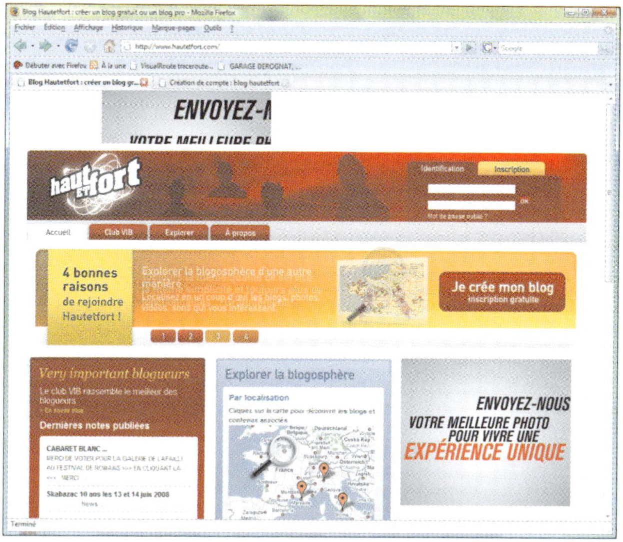

Cette procédure peut s'effectuer plus rapidement, sans passer par l'accueil du service, en vous connectant directement à l'adresse suivante : www.hautetfort.com/create_account.php. Dans tous les cas, cette procédure d'inscription consiste à créer un compte utilisateur pour employer tous les services proposés par Haut et fort. La technique, pour créer un tel compte, est fort simple.

Créez *un compte Haut et fort*

Pour utiliser toutes les fonctionnalités proposées par Haut et fort et mettre en place votre blog sur leur serveur, voici la procédure à suivre :

1. Connectez-vous sur le site principal du service Haut et fort : www.hautetfort.com.

2. Cliquez sur le bouton **Je crée mon blog inscription gratuite** qui apparaît en haut à droite de la page.

3. Dans la page qui s'affiche, vous disposez d'un formulaire à remplir. Cochez l'option correspondant à votre genre et saisissez votre prénom et votre nom. Choisissez un pseudo qui apparaîtra avec tous vos messages puis inscrivez votre date de naissance.

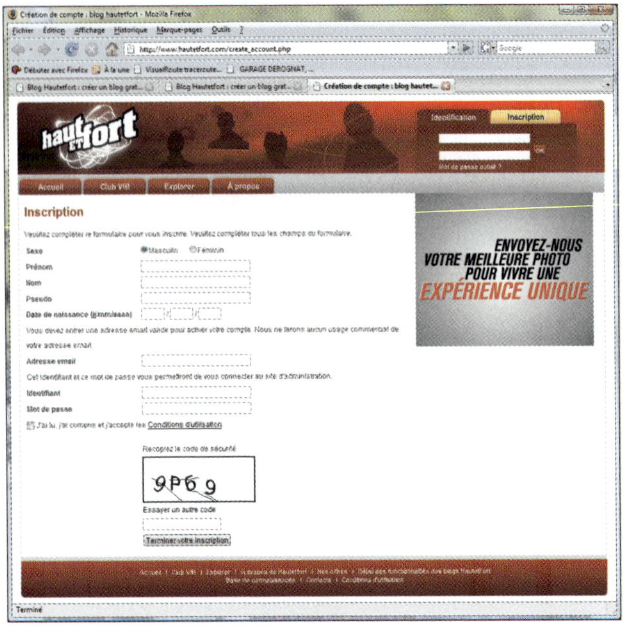

4 Dans le champ *Adresse e-mail*, indiquez une adresse de courrier électronique valide. Celle-ci servira à confirmer votre inscription sur le service Haut et fort en cliquant sur le lien du message que l'on vous enverra. Saisissez un identifiant et un mot de passe pour vous authentifier lorsque vous vous connecterez sur votre interface d'administration. Cochez l'option *J'ai lu, j'ai compris et j'accepte les conditions d'utilisation* et tapez, dans le dernier champ texte, le texte qui apparaît sous la section *Recopiez le code de sécurité*. Pour envoyer le formulaire que vous venez de remplir, cliquez sur le bouton **Terminer votre inscription**.

5 Une nouvelle page s'affiche et vous indique qu'un message vient d'être envoyé à l'adresse de courrier électronique que vous avez indiquée dans le formulaire. Si cette adresse est erronée, vous avez la possibilité d'en saisir une autre dans la zone de texte prévue à cet effet. Cliquez sur le bouton **Envoyer mon code d'activation** pour enregistrer votre nouvelle adresse de courrier électronique si cela s'avère nécessaire.

Après avoir Ocliqué sur le lien d'activation que vous aurez reçu par courrier électronique, vous serez automatiquement redirigé vers la page d'accueil du site Haut et fort. Il ne restera plus qu'à vous authentifier avec votre identifiant pour démarrer votre blog, comme nous allons le voir sans plus attendre.

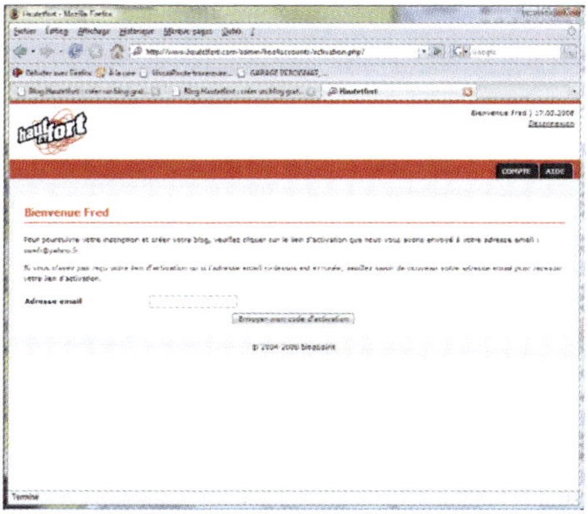

Ouvrez *votre blog*

Si vous souhaitez créer et utiliser rapidement votre propre blog, voici la procédure à suivre avec Haut et fort :

1 Connectez-vous sur la page d'accueil du service ; elle est disponible ici : www.hautetfort.com.

2 Indiquez, en haut de la page à droite dans le formulaire conçu à cet effet, l'identifiant et le mot de passe que vous aviez indiqués précédemment dans le formulaire d'inscription du service.

3 Une nouvelle page apparaît à l'écran et vous propose un formulaire à remplir pour créer immédiatement un blog ou un photoblog. Dans notre exemple, nous avons coché la première option qui permet de créer un blog standard.

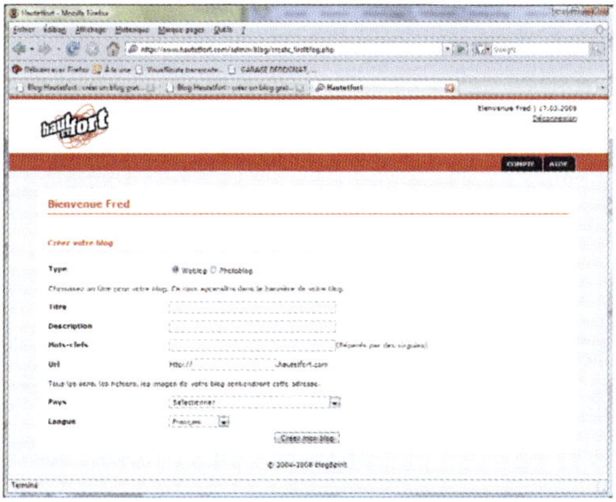

Photoblog

Comme son nom l'indique, un photoblog correspond à un espace de publication de photos numériques. Vous pouvez l'adopter si vous souhaitez, par exemple, mettre en ligne vos photos sous une forme plus originale qu'un simple album de photos sur Internet.

4 Inscrivez le titre de votre blog dans le premier champ. Cet intitulé apparaîtra automatiquement dans la partie supérieure des pages de votre blog.

Choix du titre

Optez pour un titre significatif, qui révèle immédiatement l'objet et le contenu de votre blog. Cette précaution permet, entre autres, un meilleur référencement dans les moteurs de recherche.

5 Inscrivez une description de votre blog dans la zone de texte *Description*.

6 Pour améliorer votre référencement, saisissez, dans la zone de texte *Mots-clefs*, une liste de mots-clés séparés par une virgule. Bien entendu, ces mots-clés doivent correspondre au contenu de votre blog. Pour en dresser une liste, imaginez quels mots-clés les utilisateurs pourront saisir dans un moteur de recherche pour vous trouver.

Des mots-clés pertinents

Utilisez uniquement, dans la liste de vos mots-clés, des termes significatifs pour décrire le contenu de votre blog. Évitez les déterminants (le, la, un…) et n'employez pas de caractères spéciaux dans vos mots-clés (parenthèses, astérisque, etc.). Toutefois, les accents sont autorisés.

7 La zone de texte *Url* a été remplie automatiquement lorsque vous avez saisi le nom de votre blog sous le deuxième champ du formulaire. Dans ces conditions, l'adresse qui permettra à votre public d'afficher votre blog correspondra à la structure suivante : http://nom_de_votre_blog.hautetfort.com.

8 Dans la liste déroulante *Pays*, sélectionnez le pays où vous vous trouvez.

9 Sélectionnez, dans la liste déroulante *Langue*, la langue utilisée sur votre blog pour la rédaction des billets que vous publierez. Cette information est importante pour le référencement de votre espace de communication sur l'annuaire du service Haut et fort. Indiquez des informations valides si vous souhaitez attirer le plus de monde possible sur votre blog.

10 Cliquez sur le bouton **Créer mon blog** pour mettre en place, sur le serveur Haut et fort, votre espace personnel.

La première étape de création du blog, à savoir la création d'un compte, vient de se terminer. La deuxième étape commence immédiatement après et permet de rédiger votre premier billet.

Écrivez votre premier billet

Maintenant que vous disposez de votre propre blog, il ne reste plus qu'à publier vos messages. Rassemblez toutes vos informations à mettre en ligne et passez immédiatement à la rédaction de votre premier billet, celui qui annoncera, par exemple, la naissance de votre blog et présentera le type d'information que vous vous proposez de publier.

Procédez ainsi :

1 Sur la page qui s'affiche juste après la procédure de création de votre blog, vous disposez d'un nouveau formulaire. Celui-ci permet de créer votre premier billet sur votre blog.

Billet ou note

Le service Haut et fort utilise le terme note pour désigner les messages, ou les billets, que vous publiez sur votre blog.

2 Pour mettre en ligne sur votre blog votre première information, vous disposez d'une interface d'administration composée de plusieurs onglets. Sous **Notes**,

section *Nouvelle note*, vous pouvez rédiger le contenu de votre billet, à savoir le titre et son message, accompagnés de différentes informations tels le lieu, les **tags** et la catégorie.

Les tags

Les tags sont des balises, c'est-à-dire des mots-clés que les utilisateurs peuvent employer pour trouver plus facilement les informations qu'ils recherchent.

3 Indiquez l'objet du billet que vous proposez sur votre blog sous le champ *Titre*.

4 Sélectionnez, dans la liste déroulante *Catégorie*, une catégorie qui correspond à l'objet de votre message : loisirs, musique, jeux, voyage, film, science, sport, etc.

5 Inscrivez, dans la zone de texte *Tags*, une liste de mots-clés séparés par une virgule pour permettre aux utilisateurs de trouver plus facilement votre billet.

6 Spécifiez le lieu à partir duquel vous rédigez votre billet ou qui correspond au sujet que vous traitez. Vous pouvez l'inscrire directement dans la zone de texte *Lieu* ou utiliser les fonctionnalités de Haut et fort pour l'indiquer avec Google Map. Cliquez sur le bouton **Ajouter un lieu** pour afficher la mappemonde de Google Map.

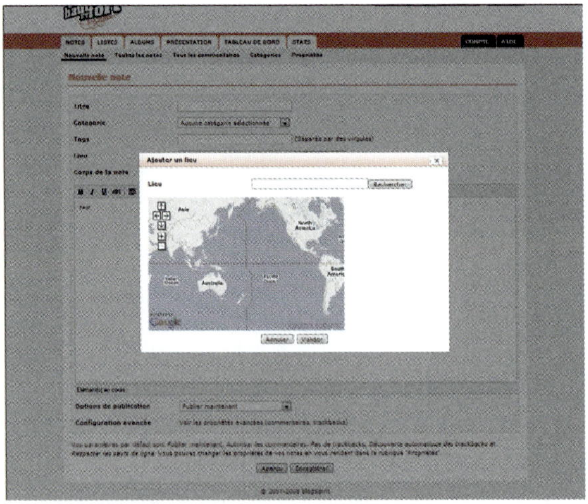

7 Inscrivez le texte de votre message dans le cadre *Corps de la note*. Vous disposez d'une barre d'outils, dans la partie supérieure du cadre dédié à la saisie de votre texte, pour mettre en forme votre texte : gras, italique, couleur de la police, choix de la police, taille des caractères, intégration d'images, etc.

De gauche à droite, nous trouvons les commandes suivantes :

- **Gras** : mettre en gras le texte sélectionné ;
- **Italique** : mettre en italique le texte sélectionné ;
- **Souligné** : souligner le texte sélectionné ;
- **Barré** : rayer le texte sélectionné ;
- **Aligner à gauche** : aligner sur la marge de gauche le texte sélectionné ;
- **Centrer** : aligner au centre le texte sélectionné ;
- **Aligner à droite** : aligner sur la marge de droite le texte sélectionné ;
- **Justifier** : aligner sur les marges de gauche et de droite le texte sélectionné ;
- **Insérer un fichier multimédia** : intégrer dans le message un fichier multimédia (son ou vidéo) ;
- **Insérer une image** : intégrer dans le message une image ;
- **Insérer un fichier** : joindre avec le message un fichier ;
- **Insérer un album 3D** : intégrer dans le message une animation avec des images ;
- **Email** : ajouter une adresse email dans le message ;
- **Insérer/Modifier un lien** : créer une URL ou modifier l'adresse d'un lien dans le message ;
- **Supprimer le lien** : supprimer un lien dans le message sans supprimer le texte ;
- **Annuler** : annuler la dernière commande ;
- **Restaurer** : rétablir la dernière commande ;
- **Liste à puces** : créer une liste dans le message ;
- **Liste numérotée** : créer une liste numérotée dans le message ;
- **Diminuer le retrait** : diminuer l'espacement d'un paragraphe ;
- **Augmenter le retrait** : augmenter l'espacement d'un paragraphe ;

- **Couleur du texte** : modifier la couleur du texte sélectionné ;
- **Couleur d'arrière-plan** : modifier la couleur de fond du message ;
- **Supprimer le formatage** : annuler toute la mise en forme du message ;
- **Afficher le code source** : basculer en mode d'affichage du code source de la page web ;
- **Vérification d'orthographe** : démarrer la vérification orthographique du texte.

8 Après avoir saisi votre texte, sélectionnez, dans la liste déroulante *Options de publication*, une des trois options suivantes :

- *Publier maintenant*, option proposée par défaut, permet d'envoyer directement votre message sur votre blog. Les internautes pourront le visualiser immédiatement.
- *Brouillon* permet de sauvegarder votre message dans votre espace personnel d'administration du blog. Il ne pourra pas être consulté publiquement sur votre blog. Vous aurez toutefois la possibilité de le publier à n'importe quel autre moment.
- *Publier le* permet de spécifier une date de publication. Votre message sera automatiquement disponible sur votre blog à la date que vous aurez indiquée.

9 Cliquez sur le lien *Voir les propriétés avancées (commentaires, trackbacks)* pour afficher un nouveau groupe d'options.

- *Commentaires*. Vous pouvez autoriser la mise en ligne des commentaires sur votre message par d'autres utilisateurs en cochant l'option *Ouverts*. Pour interdire les commentaires, sélectionnez l'option *Aucun*. Pour ne plus autoriser d'autres commentaires, sélectionnez l'option *Fermés*.

- *Accepter les trackbacks* permet d'activer la fonctionnalité permettant les trackbacks.
- *Découverte automatique des trackbacks* permet de détecter automatiquement les **trackbacks** effectués sur vos billets.

Les trackbacks

Appelés rétroliens en français, les trackbacks permettent de relier des blogs en créant des liens, dans un billet, vers des billets d'un autre blog. De tels liens peuvent être détectés automatiquement et ils apparaissent généralement sous le texte du message, avant ou après les commentaires des lecteurs.

- *Envoyer des trackbacks sur les URL.* Saisissez les adresses web sur lesquelles vous souhaitez faire un trackback à partir de votre billet.
- *Trackbacks envoyés précédemment* affiche une liste de toutes les adresses web correspondant à vos trackbacks.

10 Pour obtenir un aperçu de votre billet avant de le publier, cliquez sur le bouton **Aperçu** situé en bas de page.

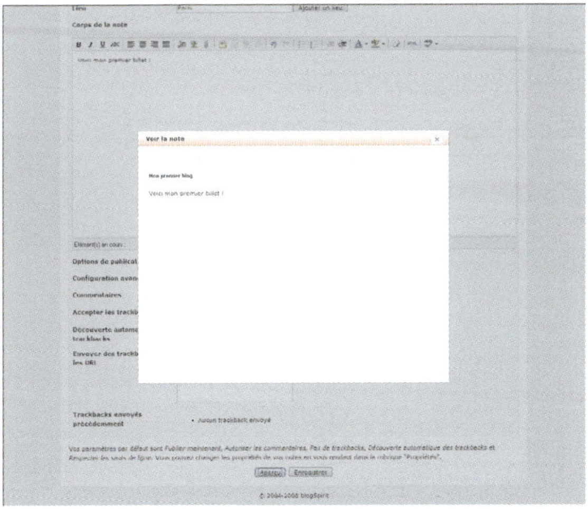

11 Si le résultat vous convient, cliquez sur le bouton **Enregistrer**. Votre billet est consultable directement à partir de votre blog. Cliquez sur le lien *Voir le Weblog* situé en haut à droite de la fenêtre pour afficher votre premier billet.

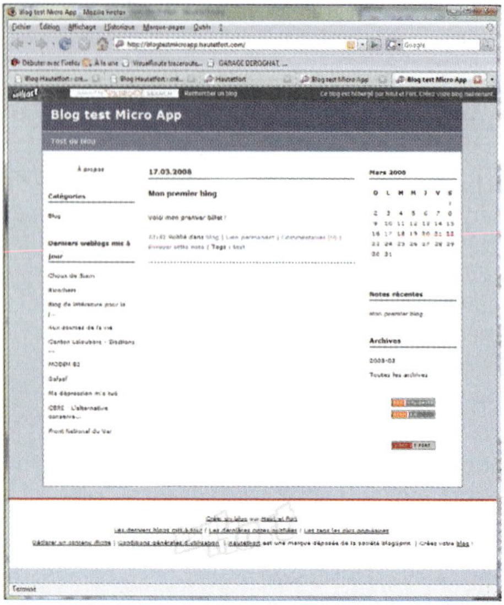

12 Après avoir publié votre message, vous obtenez une nouvelle page dédiée à la modification de la note que vous venez d'ajouter à votre blog. Vous retrouvez ici toutes les commandes et toutes les options que vous aviez utilisées lors de la création de votre billet.

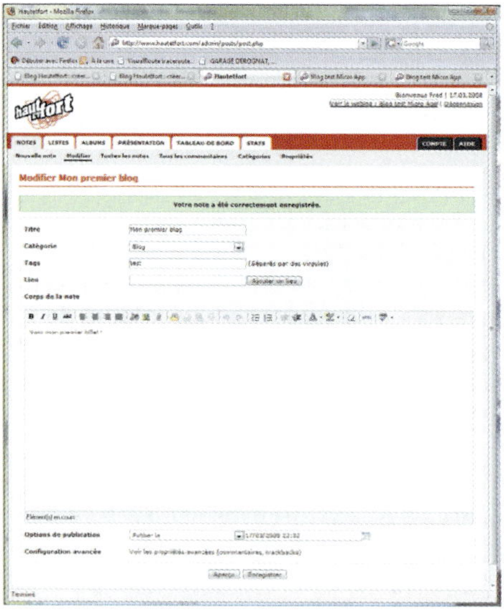

Comme vous avez pu le constater en publiant votre premier billet, la page principale de votre blog offre plusieurs informations.

- Si vous avez opté pour la formule non payante afin de créer votre blog sur Haut et fort, vous disposez d'un bandeau de publicité en haut de page. Ce bandeau contient des fonctionnalités intéressantes. Vous pouvez effectivement réaliser une recherche de blog en saisissant les mots-clés de votre choix dans la zone de texte située à gauche du bandeau. Vous disposez également d'un lien direct vers la page d'accueil du service Haut et fort. Enfin, à droite, toujours dans le bandeau, on trouve un autre lien pour créer un compte Haut et fort et mettre en place un nouveau blog.

- Juste en dessous apparaissent deux autres bandeaux. Le premier contient le titre de votre blog, celui que vous avez inscrit dans le formulaire d'inscription, tandis que le second reprend la description que vous aviez indiquée pendant la procédure de création du blog.

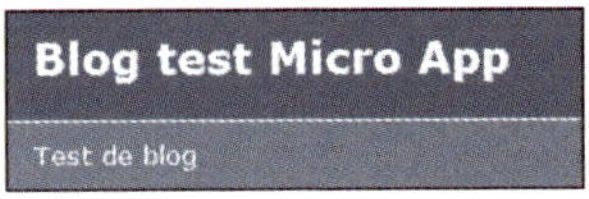

- Une colonne apparaît à droite de la page. Elle contient, par défaut, trois sections :
  - La première propose un lien *À propos*. Celui-ci permet d'accéder à une nouvelle page qui affichera des informations à propos de l'auteur du blog. Comme nous le verrons ultérieurement, vous pouvez définir des informations personnelles, à partir de l'interface d'administration de votre espace, à afficher sur votre blog.

  - La deuxième section, *Catégories*, propose des liens pour accéder directement aux billets classés sous une catégorie spécifique. Cela s'avère très utile lorsque, avec le temps, votre blog contient un grand nombre de billets. Ces derniers s'affichent par défaut sous forme de liste chronologique sur la page d'accueil, sans classement. Dès lors, il peut être plus confortable, pour la consultation de votre blog, de pouvoir les trier automatiquement par catégories. Dans notre exemple, le premier billet a été classé sous la catégorie *Blog*. Nous disposons alors d'un lien *Blog* qui permet d'afficher uniquement ce dernier.
  - Enfin, la dernière catégorie, *Derniers weblogs mis à jour*, reprend automatiquement les titres des dix derniers blogs Haut et fort qui viennent d'effectuer une mise à jour (ajout de nouveaux billets).

- La partie centrale de la page d'accueil du blog contient vos billets sous forme de liste, du plus récent au plus ancien. Plusieurs informations et fonctions les accompagnent.

Tout d'abord, la date de publication apparaît au-dessus de votre billet, à gauche, suivie un peu plus bas du titre de la note. Le corps du message reprend votre texte.

- La dernière partie de votre billet intègre plusieurs informations et fonctions. Tout d'abord, l'heure de publication et la catégorie de la note. Vous disposez d'un lien permanent. Cela s'avère utile pour les lecteurs qui souhaitent conserver l'adresse de votre billet, ce qui leur permettra de l'afficher plus tard. En effet, si les internautes se contentent de reprendre l'adresse actuelle de la page, à partir de la barre d'adresses d'Internet Explorer par exemple, ils ne pourront pas retrouver directement le billet qui les intéresse. En effet, ils obtiendront la liste de tous les billets que vous avez publiés, du plus récent au plus ancien. À l'inverse, avec le lien permanent, ils pourront afficher immédiatement la note qui les intéresse.

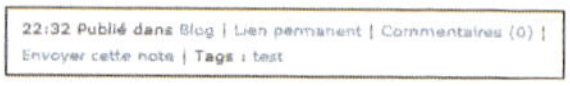

- Le lien *Commentaires* permet de consulter les commentaires laissés par les visiteurs ou de saisir un commentaire à propos de votre billet. Cliquez sur le lien *Commentaires* pour afficher un formulaire dédié à l'insertion d'un nouveau commentaire.

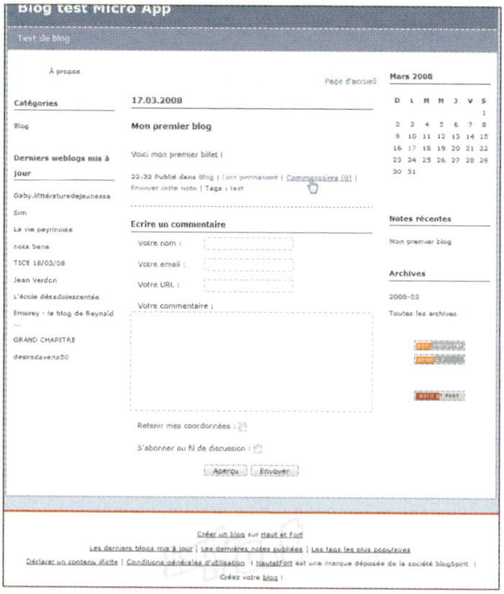

- Une nouvelle section, *Ecrire un commentaire*, apparaît immédiatement. Inscrivez votre nom, votre adresse de courrier électronique et éventuellement l'adresse de votre site web dans les trois premières zones de texte que l'on vous propose. Il ne reste plus qu'à saisir votre commentaire dans le cadre prévu à cet effet.
- Les utilisateurs ont la possibilité d'obtenir un aperçu de leur commentaire avant de le publier. Il suffit de cliquer sur le bouton **Aperçu**. Si le résultat leur convient, ils pourront cliquer sur le bouton **Envoyer** pour publier le commentaire.

Options pour habitués

Les visiteurs réguliers de votre blog disposent de deux options utiles juste en dessous du cadre dédié à la saisie des commentaires. La première permet de retenir les coordonnées de l'utilisateur, à savoir son nom, son email et l'adresse de son site. De cette façon, il ne sera pas obligé de les saisir une nouvelle fois lorsqu'il rédigera un autre commentaire. L'option *S'abonner au fil de discussion*, quant à elle, permet d'être alerté par courrier électronique dès qu'un nouveau commentaire est publié sur le billet correspondant.

- Votre billet intègre également une fonction spécifique pour envoyer la note par courrier électronique au destinataire de votre choix. Cliquez sur le lien *Envoyer cette note* pour afficher une nouvelle section qui contient un nouveau formulaire.

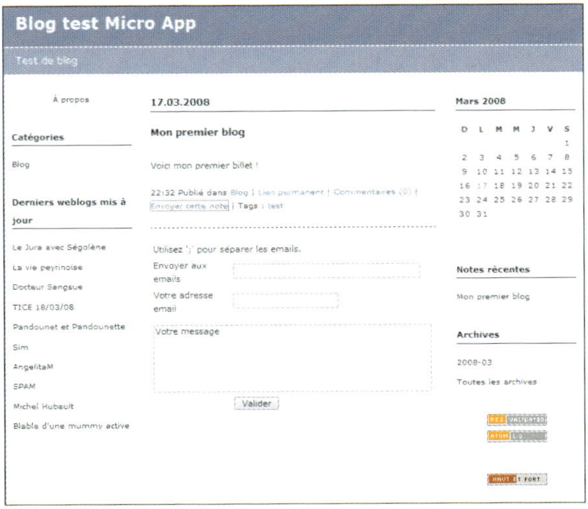

- Inscrivez l'adresse du destinataire dans la zone de texte *Envoyer aux emails*. Si vous souhaitez envoyer la note à plusieurs personnes, inscrivez les adresses de courrier électronique à la suite, en les séparant d'une virgule.
- Indiquez votre adresse email dans le deuxième champ puis saisissez un message qui accompagnera la note du blog. Au terme de votre saisie, cliquez sur le bouton **Valider** pour envoyer le billet aux personnes dont vous avez indiqué l'adresse de courrier électronique.
- La dernière information qui accompagne votre billet correspond aux tags. Chaque balise que vous aviez saisie lors que la création de votre billet apparaît dans la note sous forme de lien. En cliquant sur un tag, vous afficherez immédiatement une liste de billets qui intègrent un tag identique.

Passez à la dernière colonne de la page. Elle se situe à droite et intègre trois nouvelles sections accompagnées de plusieurs commandes.

- La première section porte l'intitulé du mois en cours. Elle contient un calendrier qui permet de consulter, au jour le jour, les billets que vous avez publiés sur votre blog.
- La deuxième section, *Notes récentes*, reprend les titres des derniers billets publiés sur votre blog. Bien entendu, ces titres apparaissent sous forme de liens. En cliquant dessus, vous pouvez afficher immédiatement leur contenu.
- La dernière section, *Archives*, permet de naviguer dans tous vos billets en les affichant mois par mois.

- Les lecteurs de votre blog disposent de deux formats techniques pour s'abonner à vos billets et pour les lire directement dans leur navigateur sans devoir se connecter sur le site de Haut et fort. Nous pensons plus particulièrement aux flux d'actualités RSS et Atom.
- Cliquez sur l'un des deux formats de flux d'actualités pour afficher la page qui permet aux visiteurs du blog de s'abonner.

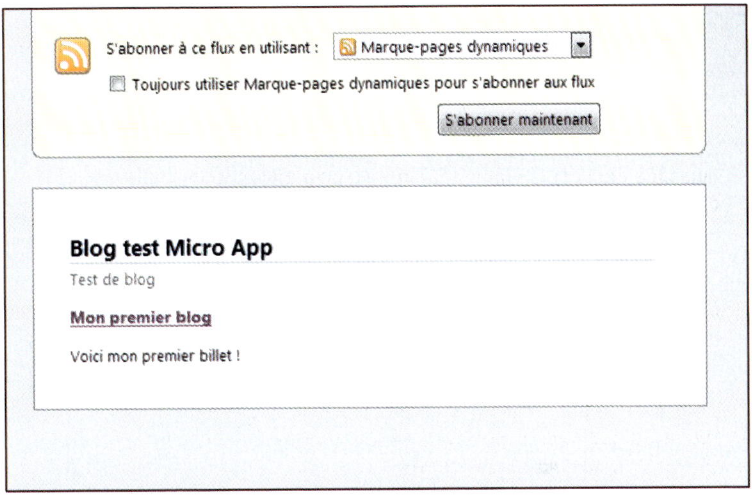

Pour terminer cette petite visite d'un blog Haut et fort, voyons de plus près ce que contient le pied de page.

- Vous disposez, sur la première ligne du pied de page, de deux liens. Le premier, *Créer un blog*, permet de se connecter directement sur l'interface de création d'un blog. Le second, *Haut et Fort*, permet de retourner sur la page d'accueil du service Haut et Fort.

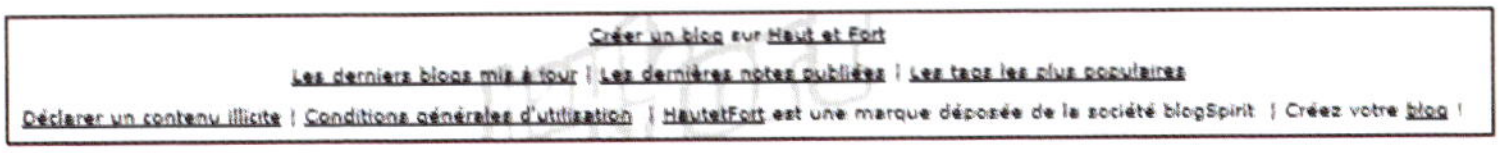

- Pour afficher une liste plus complète des derniers blogs mis à jour que celle dont vous disposez dans la colonne de gauche, cliquez sur le lien *Les derniers blogs mis à jour* disponible dans la deuxième ligne du pied de page.
- Pour afficher une liste plus complète des derniers billets publiés que celle dont vous disposez dans la colonne de droite, cliquez sur le lien *Les dernières notes publiées* disponible dans la deuxième ligne du pied de page.
- Pour afficher une liste des tags les plus populaires sur le service Haut et Fort, cliquez sur le lien *Les tags les plus populaires*. Vous obtiendrez une nouvelle page qui affichera une liste impressionnante de mots-clés.

■ Pour afficher les billets correspondant à un de ces tags, il suffit de cliquer dessus. Une liste de notes, correspondant au tag que vous avez choisi, apparaît immédiatement. Cliquez sur leur intitulé pour les lire dans leur intégralité.

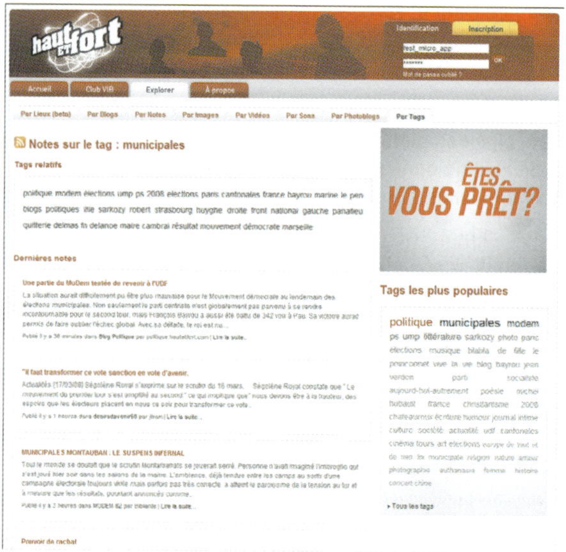

- La dernière ligne du pied de page contient le lien *Déclarer un contenu illicite*. De fait, si vous rencontrez un blog qui fait la promotion d'une activité illégale, n'hésitez pas à utiliser cette commande pour alerter les responsables du service Haut et Fort.
- Le lien *Conditions générales d'utilisation* permet d'afficher les termes du contrat que vous avez acceptés pour utiliser les services de la plate-forme Haut et Fort. Pensez à les consulter régulièrement pour vous tenir au courant des mises à jour.

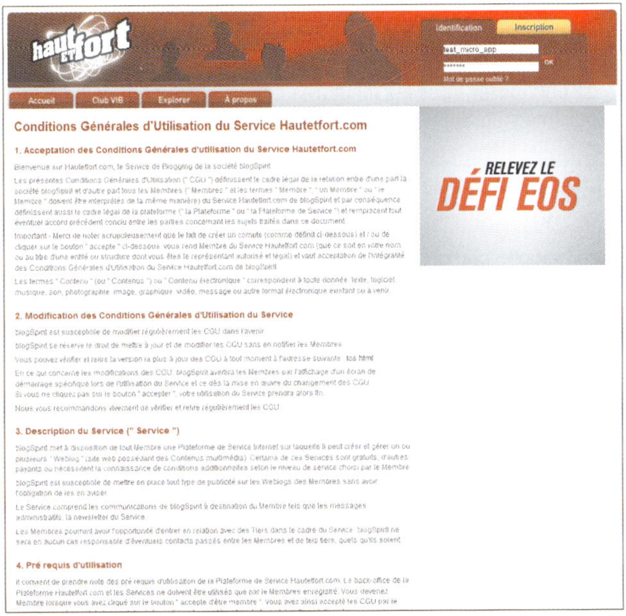

- Les deux derniers liens de la troisième ligne du pied de page de votre blog permettent de se connecter à la page d'accueil du service Haut et Fort.

Comme vous venez de le voir, votre blog a été créé en quelques minutes à peine. Et il peut fonctionner immédiatement après sa création, sans qu'il soit nécessaire d'éditer les paramètres de configuration de votre espace personnel sur Haut et Fort. À la vue du résultat de votre premier billet publié, il y a de grandes chances pour que vous souhaitiez personnaliser les informations que vous allez mettre en ligne. Le prochain chapitre présentera les différents outils dont vous disposez pour adapter au mieux à vos besoins votre nouvel espace de communication sur Internet.

Chapitre 3

Personnalisez votre blog Haut et Fort

Savoir publier une note sur son blog, c'est bien, mais pouvoir personnaliser ce dernier, c'est encore mieux. Les fonctionnalités du service Haut et Fort vont vous permettre de configurer dans les moindres détails votre petit espace de communication sur Internet. Suivez le guide…

Personnaliser votre blog

La personnalisation d'un blog se fait de différentes façons. Tout d'abord en indiquant vos informations personnelles, puis en définissant les options que vous souhaitez ou non activer lorsque vous publiez vos billets. Enfin, en modifiant l'apparence graphique de vos pages et le style du texte qui apparaît dans vos notes.

Les propriétés du blog

Dans un premier temps, il convient de modifier les propriétés de votre blog. Cela consiste à définir les informations personnelles que vous souhaitez afficher dans votre espace de communication, puis à activer ou non certaines fonctions.

Vos informations personnelles sont en grande partie disponibles dans la page *À propos*. Et pour le moment, cette dernière ne contient pas beaucoup d'informations. Pour le vérifier, connectez-vous sur la page d'accueil de votre blog et reportez-vous à la colonne de gauche. Cliquez sur le premier lien, *À propos*, qu'elle contient. Dans la nouvelle page qui s'affiche, les informations à votre sujet sont plutôt succinctes.

Toutefois, rien ne vous oblige à remplir cette section. Mais la plupart des internautes apprécient d'en savoir plus sur l'auteur d'un blog qu'ils prennent plaisir à lire. Ne l'oubliez pas.

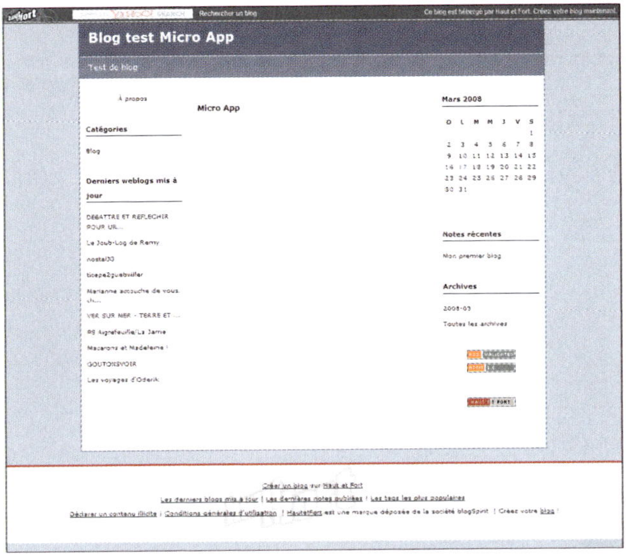

Ajoutez *vos informations personnelles*

Pour ajouter des informations personnelles dans votre blog en utilisant les outils d'administration du service Haut et Fort, suivez cette procédure :

1 Connectez-vous sur le site principal du service Haut et fort : www.hautetfort.com.

2 Indiquez, en haut de la page à droite dans le formulaire conçu à cet effet, votre identifiant et mot de passe qui vous permettent d'accéder à l'interface d'administration de votre blog.

3 Dans la page qui s'affiche, vous disposez de plusieurs informations :

- Le nombre de notes publiées.
- Le nombre de commentaires laissés par vos visiteurs.
- L'espace disque que vous utilisez actuellement. N'oubliez pas que la formule gratuite d'hébergement de blog sur le service Haut et Fort est limitée à 50 Mo d'espace de stockage. Au-delà, vous devrez opter pour une formule payante.

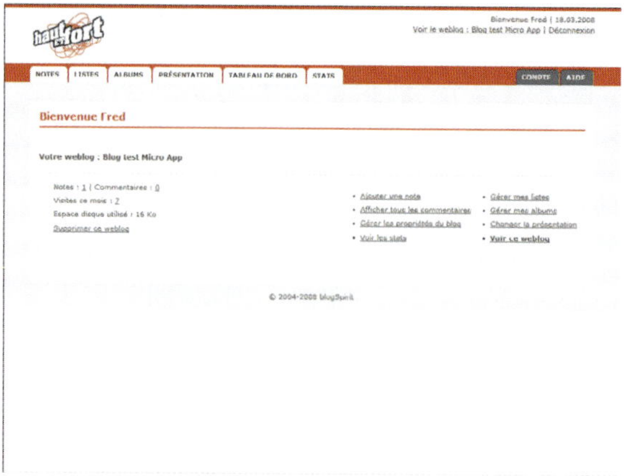

Vous pouvez utiliser les liens suivants :

- *Supprimer ce weblog*. Un clic de souris sur ce lien permet de supprimer immédiatement votre blog, avec tous les billets et commentaires qu'il contient.
- *Ajouter une note*. Permet de créer un nouveau billet sur votre blog.
- *Afficher tous les commentaires*. Permet d'obtenir une liste de tous les commentaires postés sur votre blog par les visiteurs.
- *Gérer les propriétés du blog*. Permet d'accéder à toutes les propriétés de votre blog. Vous verrez plus en détails cette commande pour la personnalisation de votre blog.
- *Voir les stats*. Permet d'afficher une page de statistiques sur votre blog (nombre de visites, nombre de pages vues par jour, etc.).
- *Gérer mes listes*. Vous avez la possibilité de créer ici des listes en fonction de vos centres d'intérêt. Par exemple, une liste de livres, une liste de disques, une liste de films, une liste de personnes, etc. Lorsque vous créez une liste, celle-ci apparaît immédiatement sur votre blog.
- *Gérer mes albums*. Permet de créer un album photo que l'on pourra consulter à partir de votre blog.
- *Changer la présentation*. Vous pourrez sélectionner ici un modèle prédéfini pour mettre en page vos informations. Certains modèles permettent de modifier l'emplacement des informations. D'autres, plus sophistiqués, permettent de changer le style et les couleurs de votre blog.
- *Voir ce weblog*. Utilisez cette commande pour afficher dans une nouvelle fenêtre votre blog, comme les visiteurs peuvent le voir.

Vous allez compléter les informations personnelles de votre blog. Pour cela :

1 Cliquez, à partir de la page d'accueil d'administration de votre blog, sur le lien *Gérer les propriétés du blog*.

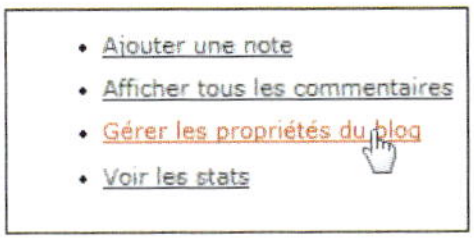

2 La page qui s'affiche propose cinq sections apparaissant sous forme de liens en haut de page, juste en dessous de la barre d'onglets :

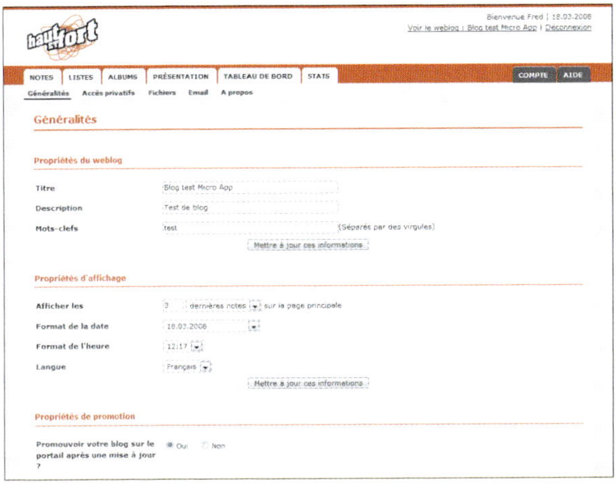

- *Généralités*. La page qui s'affiche en premier pour la gestion des propriétés du blog. Elle propose un formulaire que nous présentons plus loin en détails.
- *Accès privatifs* permet de créer des comptes d'utilisateur pour protéger par mot de passe la consultation de votre blog.
- *Fichiers* permet de mettre en ligne, sur votre espace de stockage, toutes sortes de fichiers (images, son, vidéos, etc.).
- *Email* permet la modification de votre adresse email pour publier vos billets par courrier électronique.
- *À propos* est un formulaire dédié à la mise à jour de la page *À propos* de votre blog.

Voyons de plus près ce que propose le formulaire de la page dédiée aux généralités de votre blog.

1 La section *Propriétés du weblog* contient trois zones de texte que vous pouvez mettre à jour :

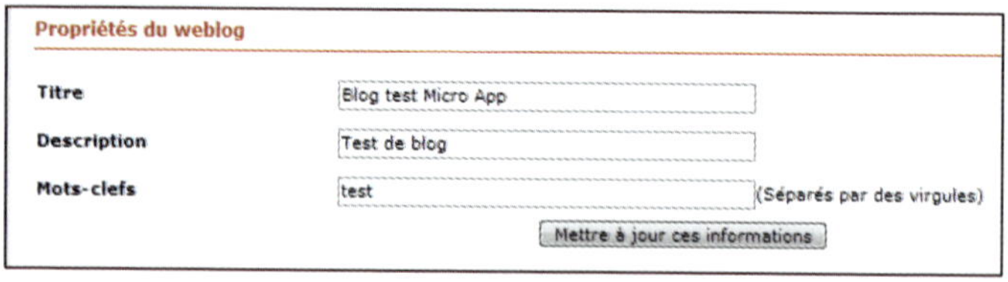

- *Titre* : le titre principal de votre blog, celui qui apparaît dans le premier bandeau de la page ;
- *Description* : une petite description de votre blog qui apparaîtra en dessous du titre principal ;
- *Mots-clefs* : une liste de mots-clés, séparés par des virgules, pour mieux référencer votre blog dans l'annuaire du service Haut et Fort.

2 Cliquez sur le bouton **Mettre à jour ces informations** si vous avez modifié les informations de la section *Propriétés du weblog*.

3 La section *Propriétés d'affichage* contient quatre options :

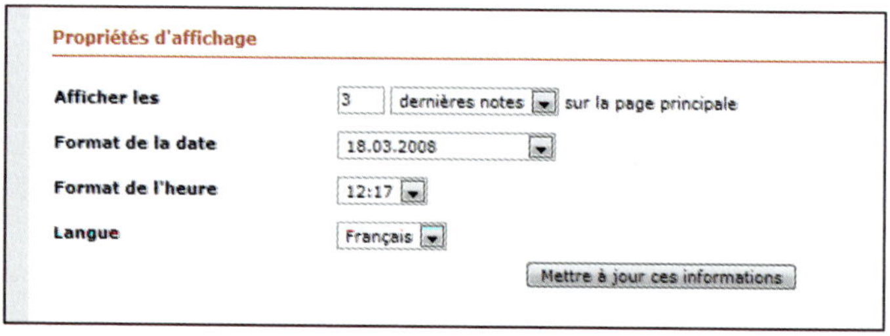

- *Afficher les*. Indiquez le nombre de billets à afficher sur la page principale du blog.
- *Format de la date*. Définissez le format d'affichage de la date qui s'affiche pour la publication de chaque billet.
- *Format de l'heure*. Définissez le format d'affichage de l'heure qui s'affiche pour la publication de chaque billet.
- *Langue*. Spécifiez la langue utilisée pour la rédaction de vos billets.

4 Cliquez sur le bouton **Mettre à jour ces informations** si vous avez modifié les informations de la section *Propriétés d'affichage*.

5 La section *Propriétés de promotion* offre deux options :

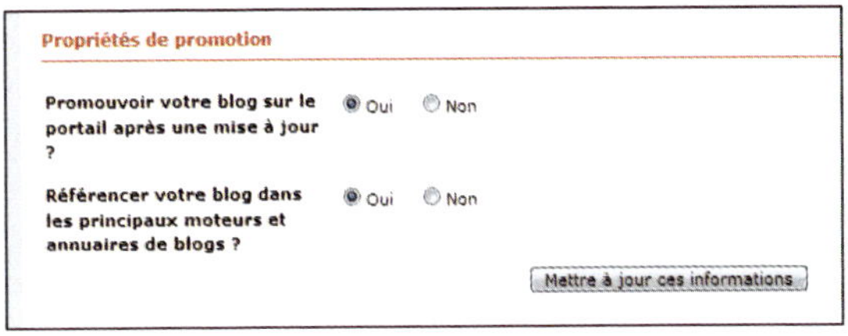

- *Promouvoir votre blog sur le portail après une mise à jour* pour afficher ou non le titre de votre blog dans la liste des derniers blogs mis à jour sur Haut et Fort ;
- *Référencer votre blog dans les principaux moteurs et annuaires de blogs* pour permettre ou non le référencement de votre blog dans les moteurs de recherche.

6 Cliquez sur le bouton **Mettre à jour ces informations** si vous avez modifié les informations de la section *Propriétés de promotion*.

7 La section *Propriétés des images* offre une option :

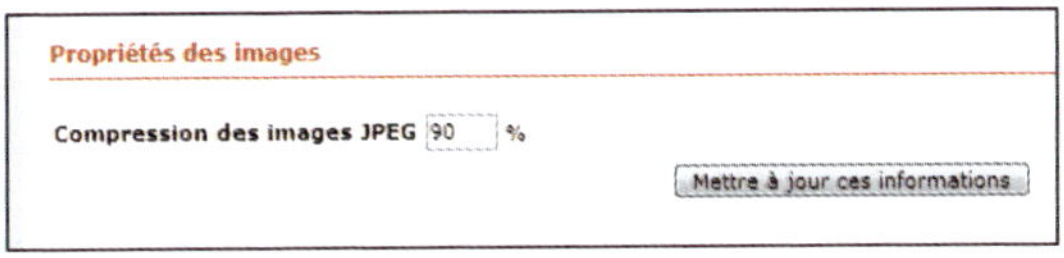

- *Compression des images JPEG*. Définissez le pourcentage de compression des images que vous insérez sur votre blog. Plus le taux de compression est faible, plus vos images seront compressées. Elles prendront moins de place dans votre espace de stockage. Attention, plus une image est compressée, moins sa qualité sera bonne.

8 Cliquez sur le bouton **Mettre à jour ces informations** si vous avez modifié les informations de la section *Propriétés des images*.

9 La section *Propriétés d'archivage* contient une option :

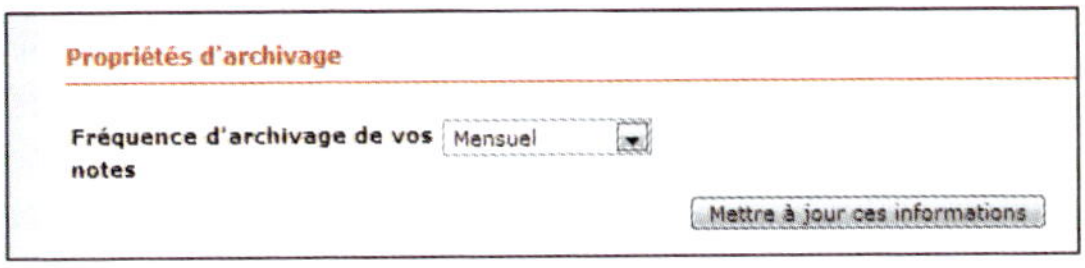

- *Fréquence d'archivage de vos notes*. Indiquez la fréquence d'archivage des billets publiés sur votre blog. Par défaut, l'archivage est mensuel mais, selon le nombre de mises à jour effectuées, vous pouvez opter pour un archivage hebdomadaire.

10 Cliquez sur le bouton **Mettre à jour ces informations** si vous avez modifié les informations de la section *Propriétés d'archivage*.

11 La section *Syndication* contient une option :

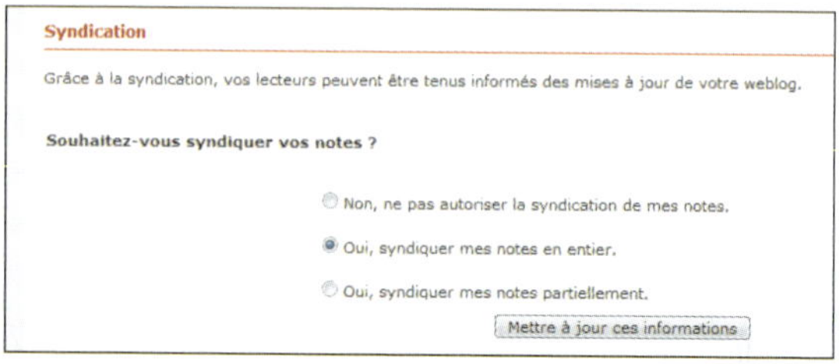

Souhaitez-vous syndiquer vos notes. Vous pouvez syndiquer vos notes entièrement ou partiellement, voire pas du tout. La syndication permet à vos lecteurs d'être informés automatiquement de chaque mise à jour de votre blog à travers les flux d'actualités.

12 Cliquez sur le bouton **Mettre à jour ces informations** si vous avez modifié les informations de la section *Syndication*.

Cliquez, en haut de page, sur le lien *Accès privatif* pour changer de section. Cette page permet de bloquer la consultation publique de votre blog et de créer un ou plusieurs comptes utilisateur. Dès que vous créez un accès privatif dans la section *Ajouter un accès*, votre blog ne pourra plus être consulté librement.

Procédez ainsi :

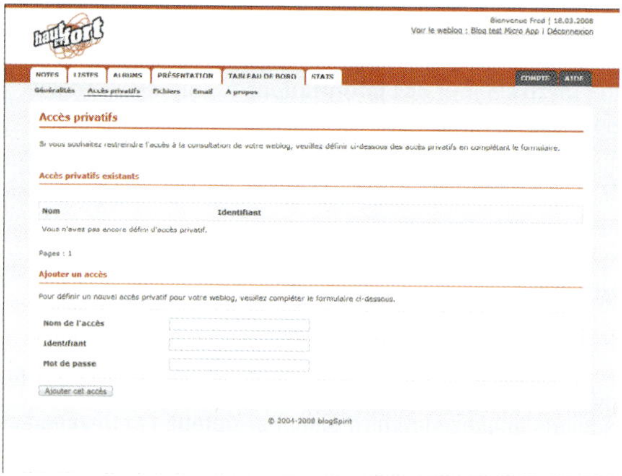

1 Inscrivez un nom dans la zone de texte *Nom de l'accès*.

2 Inscrivez un nom dans la zone de texte *Identifiant*.

3 Inscrivez un mot de passe dans la dernière zone de texte.

4 Cliquez sur le bouton **Ajouter cet accès** pour enregistrer votre nouvel accès privatif.

5 Désormais, pour consulter votre blog, les utilisateurs devront indiquer l'identifiant et le mot de passe que vous venez de spécifier pour l'accès privatif créé.

Cliquez, en haut de page, sur le lien *Fichiers* pour changer de section. Cette page permet de naviguer dans votre espace de stockage, ou d'ajouter des fichiers et de créer des dossiers dans votre espace personnel.

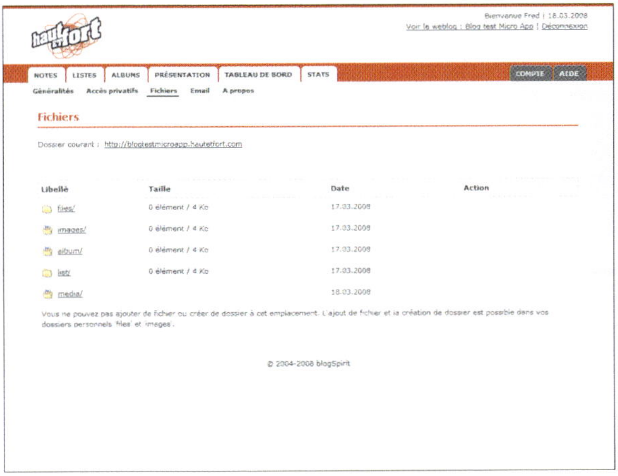

1 La page de la section *Fichiers* affiche, par défaut, le contenu du dossier principal de votre blog, celui qui se trouve à l'adresse http://nom_du_blog .hautetfort.com. Vous ne pourrez pas créer de nouveaux dossiers ou mettre en ligne des fichiers à cet emplacement.

2 Vous disposez de plusieurs dossiers dans votre espace :

- *Files* : dossier dédié au stockage de vos fichiers personnels que vous mettez à la disposition des lecteurs de votre blog. Vous pouvez créer ici d'autres dossiers ou transférer de nouveaux fichiers.
- *Images* : dossier dédié au stockage des fichiers graphiques. Vous pouvez créer ici d'autres dossiers ou transférer de nouveaux fichiers.

- *Album* : dossier dédié au stockage de vos albums photo. Vous ne pouvez pas transférer de fichiers dans ce dossier ni créer de nouveaux dossiers.
- *List* : dossier dédié au stockage de vos listes créées à partir de l'interface d'administration de votre blog. Vous ne pouvez pas transférer de fichiers dans ce dossier ni créer de nouveaux dossiers.
- *Media* : dossier permettant de stocker des fichiers multimédias. Vous ne pouvez pas transférer de fichiers dans ce dossier ni créer de nouveaux dossiers.

3 Cliquez par exemple sur le dossier *Files*.

4 Une nouvelle page s'affiche. Pour le moment, le dossier ne contient aucun autre dossier ni fichier. Pour ajouter un ou plusieurs fichiers, utilisez la section *Ajouter un fichier*. Indiquez, dans les zones de texte correspondantes, le chemin des fichiers à transférer sur votre blog. Utilisez, si nécessaire, le bouton **Parcourir** qui affiche un explorateur de fichiers.

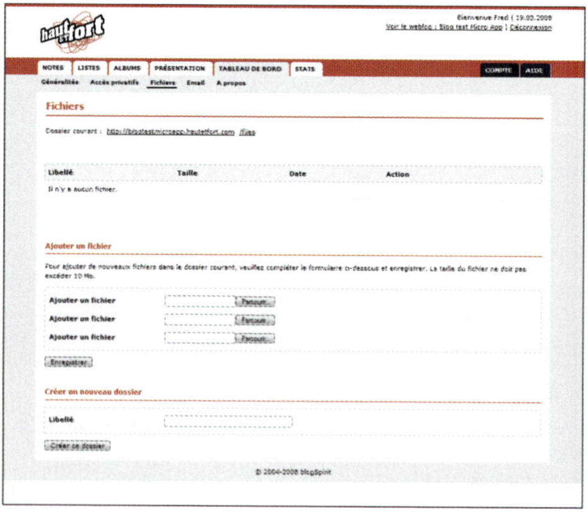

5 Après avoir indiqué le chemin de vos fichiers à transférer dans les zones de texte prévues à cet effet, cliquez sur le bouton **Enregistrer** pour démarrer le transfert.

6 Vous pouvez également créer de nouveaux dossiers pour mieux classer vos fichiers. Reportez-vous à la section *Créer un nouveau dossier* et inscrivez le nom du nouveau dossier dans la zone de texte *Libellé*.

7 Cliquez sur le bouton **Créer ce dossier** pour créer immédiatement votre sous-répertoire dans le dossier *Files*.

Cliquez, en haut de page, sur le lien *Email* pour passer à une autre section. La page qui s'affiche contient un formulaire permettant de créer une adresse email de publication de vos billets. En d'autres termes, vous avez la possibilité de publier vos notes par courrier électronique, sans passer par l'interface d'administration du service Haut et Fort. Il suffit d'envoyer un message standard, dont le sujet correspondra au titre du billet, à l'adresse email que vous allez créer ici pour publier automatiquement votre note sur le blog.

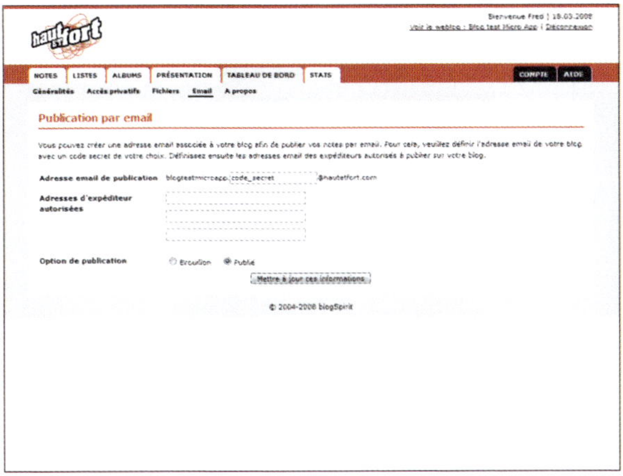

1 Dans la zone de texte *Adresse email de publication*, inscrivez un code secret de votre choix. Ce code permettra d'obtenir votre adresse secrète de publication, une adresse à ne jamais révéler publiquement. Dès lors, il suffira d'envoyer vos messages à cet email pour les publier immédiatement sous forme de note sur votre blog Haut et Fort.

2 Par sécurité, la publication sur votre blog des messages envoyés à l'adresse email créée précédemment n'est autorisée que si l'adresse de l'expéditeur du message a été spécifiée sous la section *Adresses d'expéditeur autorisées*. Concrètement, vous disposez de trois zones de texte pour déclarer au maximum trois adresses de courrier électronique autorisées.

3 La dernière option de la page, *Option de publication*, permet d'indiquer si vous souhaitez publier directement sur votre blog les messages que vous envoyez par courrier électronique à l'adresse de publication, ou si vous souhaitez les enregistrer uniquement dans votre compte, sans les publier. Si vous optez pour cette dernière solution, cochez l'option *Brouillon*.

4 Cliquez sur le bouton **Mettre à jour ces informations** pour créer l'adresse de publication et enregistrer la ou les adresses autorisées à publier des notes sur le blog via le courrier électronique.

Cliquez maintenant, toujours en haut de page, sur le lien *À propos* pour passer à la dernière section des propriétés du blog. La page qui s'affiche contient un formulaire et plusieurs options pour intégrer des informations personnelles sur votre blog. Ainsi, en affichant la page *À propos*, les visiteurs de votre espace de communication pourront en savoir plus sur l'auteur du blog qu'ils consultent. Vous pourrez mettre en ligne votre photo, une description de vous-même et proposer différents moyens de rentrer en contact avec vous.

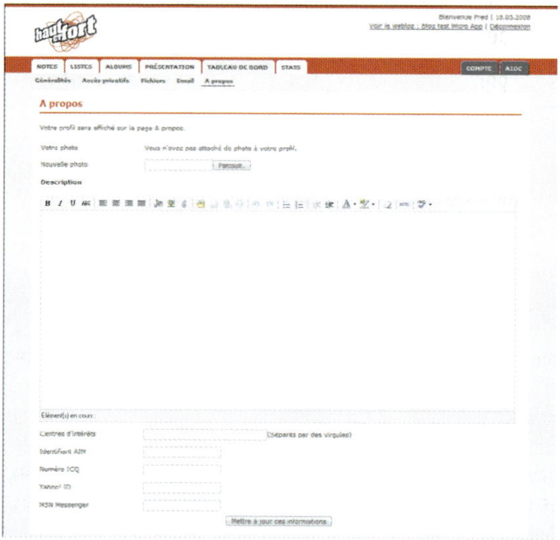

1 Pour afficher votre photo sur la page *À propos*, indiquez son chemin sur votre disque dur à partir de la zone de texte *Nouvelle photo*. Si cela s'avère nécessaire, cliquez sur le bouton **Parcourir** pour afficher un explorateur de fichiers. Vous pourrez sélectionner votre photo avec votre souris, ce qui évitera de saisir le chemin manuellement.

2 Sous le cadre *Description*, inscrivez une présentation de l'auteur du blog, vous généralement ou l'équipe chargée de la publication des billets. Il n'y a aucune limitation en nombre de caractères. Vous pouvez choisir une présentation brève ou plus développée. Cependant, n'oubliez pas que si vous n'avez pas mis en place d'accès privatif, votre blog est public ; il peut être consulté par n'importe qui. Dans ces conditions, il n'est pas prudent de laisser sur cette page des informations très personnelles : numéro de téléphone, adresse, lieu de travail, etc.

3 Au terme ou pendant la saisie du texte de votre description, utilisez la barre d'outils de mise en forme pour améliorer la présentation de la page. Vous disposez, de gauche à droite, des commandes suivantes pour modifier la présentation de votre texte :

- **Gras** : mettre en gras le texte sélectionné ;
- **Italique** : mettre en italique le texte sélectionné ;
- **Souligné** : souligner le texte sélectionné ;
- **Barré** : rayer le texte sélectionné ;
- **Aligner à gauche** : aligner sur la marge de gauche le texte sélectionné ;
- **Centrer** : aligner au centre le texte sélectionné ;
- **Aligner à droite** : aligner sur la marge de droite le texte sélectionné ;
- **Justifier** : aligner sur les marges de gauche et de droite le texte sélectionné ;
- **Insérer un fichier multimédia** : intégrer dans le message un fichier multimédia (son ou vidéo) ;
- **Insérer une image** : intégrer dans le message une image ;
- **Insérer un ficher** : joindre avec le message un fichier ;
- **Insérer un album 3D** : intégrer dans le message une animation avec des images ;
- **Email** : ajouter une adresse email dans le message ;
- **Insérer/Modifier un lien** : créer une URL ou modifier l'adresse d'un lien dans le message ;
- **Supprimer le lien** : supprimer un lien dans le message sans supprimer le texte ;
- **Annuler** : annuler la dernière commande ;
- **Restaurer** : rétablir la dernière commande ;
- **Liste à puces** : créer une liste dans le message ;
- **Liste numérotée** : créer une liste numérotée dans le message ;
- **Diminuer le retrait** : diminuer l'espacement d'un paragraphe ;
- **Augmenter le retrait** : augmenter l'espacement d'un paragraphe ;
- **Couleur du texte** : modifier la couleur du texte sélectionné ;
- **Couleur d'arrière-plan** : modifier la couleur de fond du message ;

- **Supprimer le formatage** : annuler toute la mise de forme du message ;
- **Afficher le code source** : basculer en mode d'affichage du code source de la page web ;
- **Vérification d'orthographe** : démarrer la vérification orthographique du texte.

4 Saisissez vos centres d'intérêt en les séparant par une virgule si vous en indiquez plusieurs dans la zone de texte *Centres d'intérêts*. Les utilisateurs pourront trouver votre blog en fonction des centres d'intérêt spécifiés par les auteurs.

5 Vous disposez de quatre zones de texte qui vous permettent d'indiquer votre identifiant pour un des quatre services suivants : AIM, ICQ, Yahoo! et MSN Messenger. Si vous souhaitez que les internautes puissent vous contacter par un de ces services, renseignez le champ correspondant ; sinon, vous pouvez les laisser vides.

6 Cliquez sur le bouton **Mettre à jour ces informations** pour mettre à jour les informations de la page *À propos*. Elles seront immédiatement consultables par vos lecteurs.

Retournez sur la page d'accueil de votre interface d'administration. Il suffit de cliquer sur le logo *Haut et Fort* situé en haut de page à gauche.

Comme nous l'avons indiqué au début de ce chapitre, vous pouvez personnaliser votre blog de plusieurs façons. En y ajoutant vos informations personnelles, comme nous venons de le faire, ou en modifiant son apparence, ses fonctions et sa présentation. C'est ce que nous allons faire :

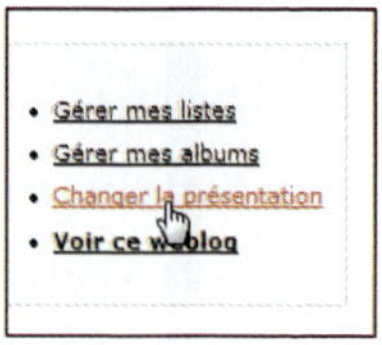

1 À partir de la page d'accueil de l'interface d'administration qui s'affiche, cliquez sur le lien *Changer la présentation*.

2 Vous pouvez également cliquer sur l'onglet **Présentation**.

3 Dans les deux cas, vous obtiendrez une nouvelle page qui regroupe plusieurs miniatures représentant des mises en page et des styles différents pour la mise en ligne de vos informations.

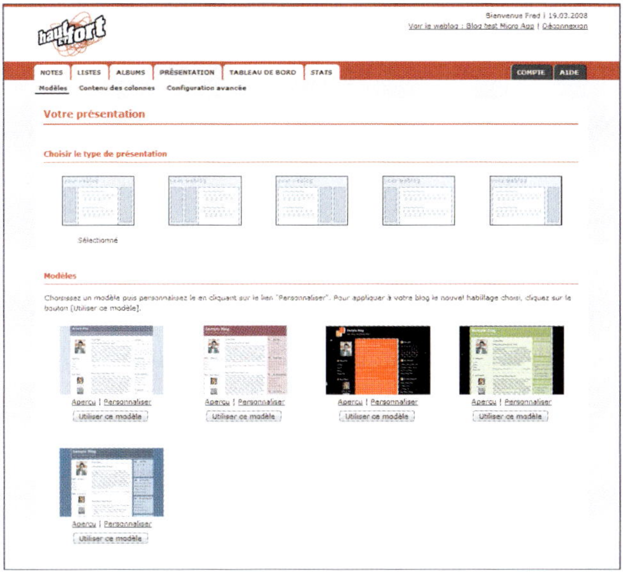

4 Pour modifier la mise en page et le style de votre blog, cliquez, sous la section *Choisir le type de présentation*, sur la vignette qui reproduit la mise en page que vous souhaitez adopter. Les différences, entre chaque présentation, se situent au niveau de l'emplacement des colonnes et de leur nombre. Naturellement, en supprimant une colonne, vous désactivez toutes les fonctions qu'elle contient puisqu'elles ne seront plus accessibles aux utilisateurs. Par exemple, en masquant la colonne de droite, vous ne proposerez plus sur votre blog la fonction de navigation avec le calendrier.

5 Après avoir cliqué sur le type de présentation que vous souhaitez adopter pour votre blog, la mention *Sélectionné* apparaît sous la vignette.

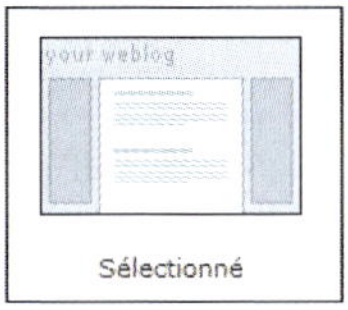

6 Reportez-vous à la section *Modèles* pour modifier le style de votre présentation. Le nombre de modèles proposés est différent selon le type de présentation sélectionné. Par exemple, pour une présentation standard en trois colonnes (la première vignette), vous disposez de cinq modèles. Mais si vous sélectionnez une présentation en deux colonnes par exemple (la dernière vignette), il vous reste trois modèles disponibles.

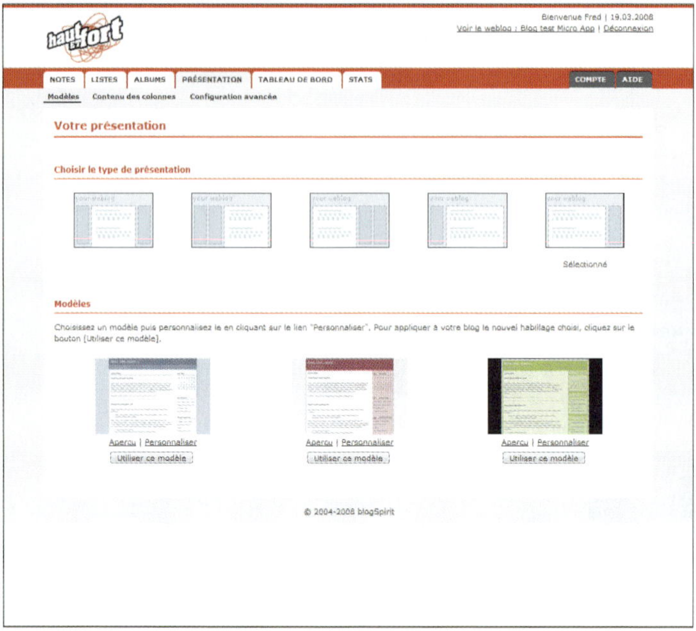

7 Chaque modèle est accompagné de trois commandes :

- **Aperçu** permet d'obtenir, dans une fenêtre à part et dans une taille normale, un aperçu du modèle sélectionné. Lorsque vous cliquez sur la vignette du modèle, vous obtenez le même résultat, c'est-à-dire un aperçu du modèle dans une autre fenêtre de votre navigateur.
- **Personnaliser** permet d'afficher plusieurs options de personnalisation de votre modèle (la couleur par exemple), comme nous allons le voir plus loin.
- **Utiliser ce modèle** permet de sélectionner un modèle pour l'appliquer immédiatement à votre blog.

8 Cliquez par exemple sur le lien *Aperçu* de la première miniature proposée pour obtenir un aperçu du modèle correspondant dans une fenêtre indépendante.

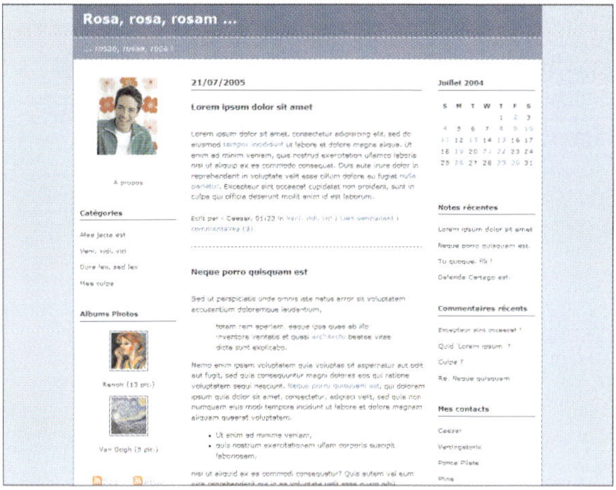

9 Si ce modèle vous convient, refermez la fenêtre d'aperçu pour revenir dans la page précédente.

10 Cliquez sur le lien *Personnaliser* du modèle que vous souhaitez adopter.

11 Une petite fenêtre vient s'afficher au premier plan. Elle contient plusieurs options pour personnaliser le modèle que vous venez de choisir.

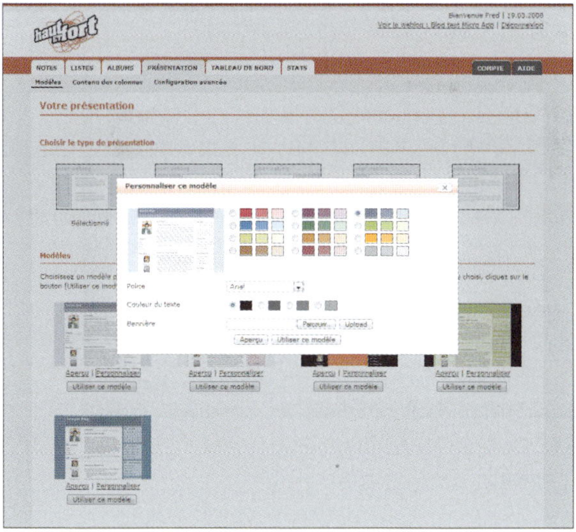

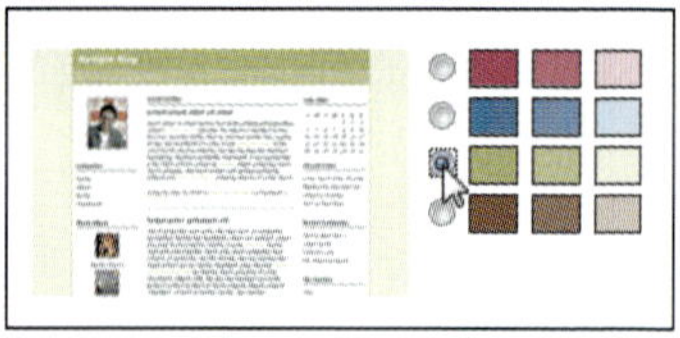

12 Vous pouvez par exemple sélectionner une autre couleur de fond de page en la choisissant à partir d'une des palettes proposées. Vous obtiendrez immédiatement un aperçu de la couleur choisi dans la figure prévue à cet effet, située à gauche des palettes de couleurs.

13 Vous pouvez sélectionner, à partir de la liste déroulante *Police*, une autre police pour le texte utilisé sur votre blog. Vous avez le choix entre cinq polices : Arial, Géorgie, Verdana, Times New Roman et Tahoma.

14 L'option suivante vous permet d'opter pour une nuance de gris, ou une couleur noire, qui sera employée pour le texte.

15 Vous pouvez insérer en haut de page un bandeau graphique de votre composition pour le titre de votre blog. Cliquez sur le bouton **Parcourir** pour le sélectionner à partir d'un explorateur de fichiers.

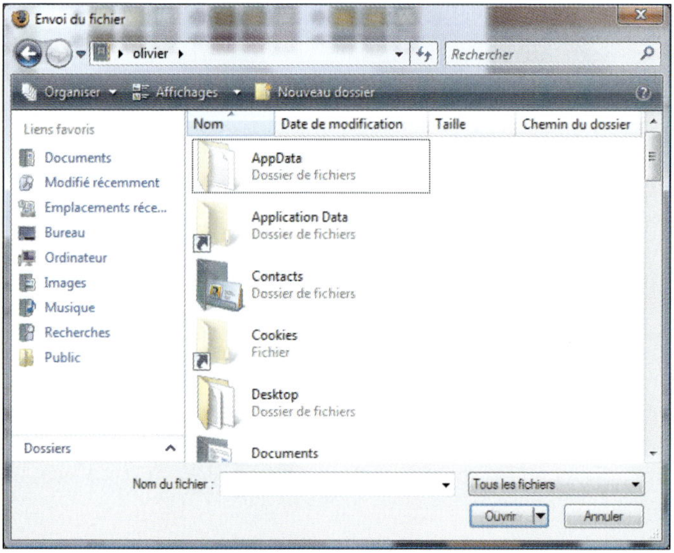

16 Après avoir sélectionné votre bandeau, refermez l'explorateur de fichiers et cliquez sur le bouton **Upload**.

17 Cliquez sur le bouton **Aperçu** pour afficher, dans une fenêtre indépendante, les modifications que vous venez d'effectuer sur le modèle de blog que vous avez sélectionné.

18 Si le résultat vous convient, cliquez sur le bouton **Utiliser ce modèle**. Les modifications ont été immédiatement appliquées à votre blog.

19 Pour vérifier le résultat final sur votre blog, cliquez sur le lien *Voir le weblog* situé en haut de page, à droite.

20 Une nouvelle fenêtre s'affiche. Elle contient votre blog avec toutes les modifications que vous venez d'effectuer.

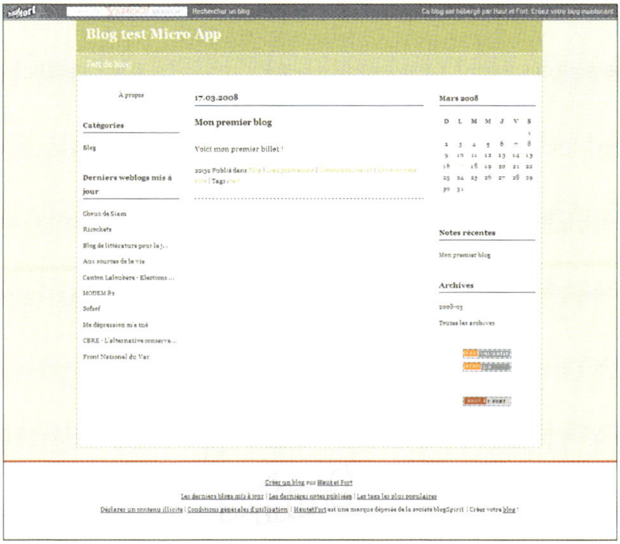

Chapitre 4

Créez un blog multimédia

Si vous souhaitez créer un blog qui diffuse essentiellement des informations multimédias (musique, vidéo...), vous avez intérêt à adopter une plate-forme spécialisée. Nous pensons plus particulièrement à MySpace.

MySpace

MySpace remporte un vif succès. Il vous permet d'avoir en toute simplicité une page de présentation sur Internet qui intègre, entre autres, un véritable blog. Vous pouvez y partager toutes sortes d'informations, sous n'importe quelle forme : texte, images, vidéos, etc. MySpace est un espace de communication conçu à l'origine pour se faire des amis. En effet, le principal objectif d'un utilisateur de ce service est de créer un réseau de relations ; et, avec le temps, de le développer grâce aux différents outils proposés par MySpace.

Avant de vous présenter plus en détails les fonctionnalités de MySpace, sachez que tous les services de blog gratuits proposent des commandes d'insertion de fichiers multimédias pour intégrer ces derniers directement à vos billets.

Insérez des fichiers multimédias à vos billets

Si vous avez adopté le service Blogger pour créer votre blog, voyons comment mettre un peu d'animation multimédia dans vos billets. Pour commencer, nous allons intégrer dans vos messages des images. Un blog sans image est triste. Et Blogger vous propose des commandes intuitives pour mettre en ligne rapidement toutes sortes d'illustrations. Profitez-en.

Ajoutez *une image*

1 Connectez-vous sur l'interface d'administration de Blogger pour créer un nouveau message. Préparez-le comme d'habitude en indiquant son titre.

2 Rédigez votre message et placez le curseur à l'endroit où vous souhaitez insérer votre image.

3 Rendez-vous dans la barre d'outils. Cliquez sur le bouton **Ajouter une image**.

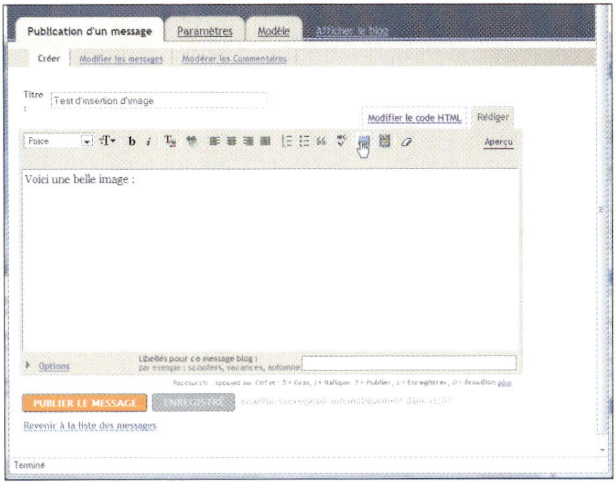

4 Une nouvelle fenêtre s'affiche avec toutes les commandes nécessaires pour mettre en ligne votre image.

Taille des images

Avec Blogger, vous pouvez mettre en ligne des images de 8 Mo maximum. Mais ce n'est pas conseillé ; un tel poids ralentirait considérablement l'affichage de la page.

5 Cliquez sur le bouton **Parcourir** pour sélectionner l'image qui vous intéresse à partir de votre disque dur. Si elle se trouve déjà en ligne, sur un site, inscrivez son adresse dans la zone de texte *URL*.

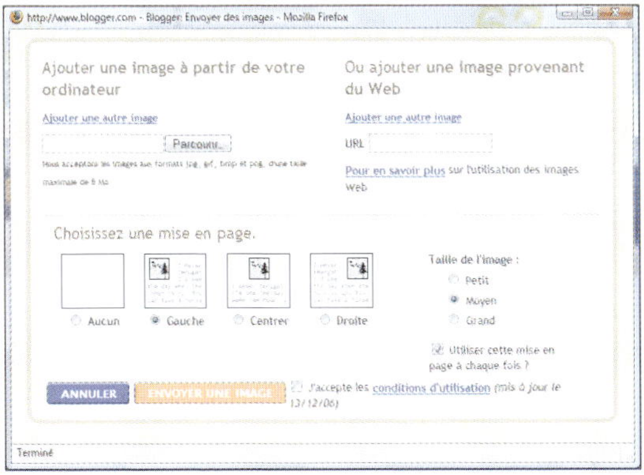

6 Sous la section *Choisissez une mise en page*, sélectionnez l'alignement de votre image. Indiquez également la taille que vous souhaitez obtenir. Vous avez effectivement la possibilité de la diminuer si ses dimensions originales sont trop grandes.

7 Cochez l'option relative aux conditions d'utilisation du service et cliquez sur le bouton **ENVOYER UNE IMAGE**.

Ajoutez *une vidéo*

Les connexions haut débit sont communes, de nos jours. Plus aucune raison de vous priver. Un peu de vidéo sur votre blog, cela ne se refuse pas. Procédez ainsi :

1 Connectez-vous sur Blogger et ouvrez la fenêtre d'édition des nouveaux messages. Inscrivez un titre pour votre billet.

2 Rédigez votre message et cliquez à l'emplacement où vous souhaitez insérer votre séquence vidéo.

3 Cliquez sur le bouton **Ajouter une vidéo** disponible dans la barre d'outils.

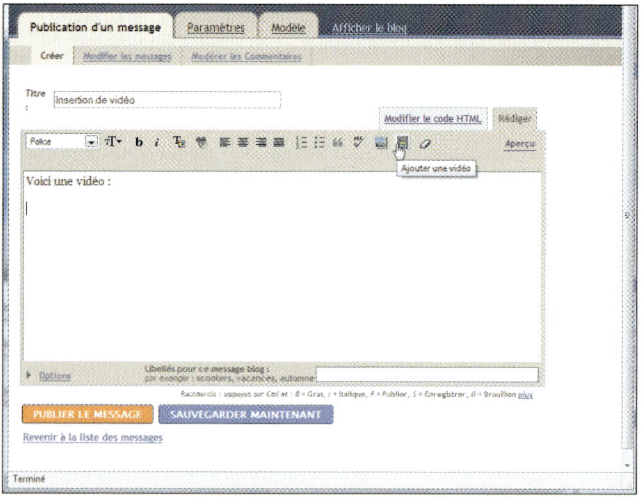

4 Une petite fenêtre s'affichera au premier plan de la page de l'interface d'administration.

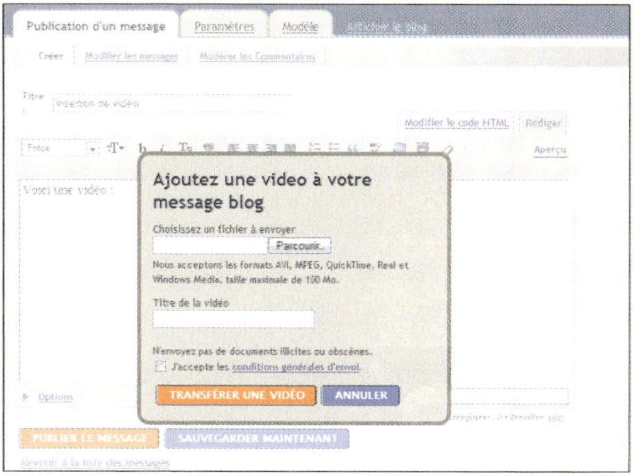

Nombre de vidéos dans une page

Lorsque les internautes afficheront votre page, le transfert de la séquence vidéo qu'elle contient ne s'effectuera pas automatiquement. Il faudra cliquer dessus pour démarrer la lecture. Dans ces conditions, rien ne vous empêche d'en insérer plusieurs sur votre blog. Elles ne ralentiront pas son affichage.

5 Cliquez sur le bouton **Parcourir** pour sélectionner la vidéo qui vous intéresse à partir de votre disque dur. Son poids ne doit pas excéder 100 Mo.

6 Entrez le titre de votre vidéo, tel que vous voulez qu'il s'affiche sur la page de votre blog.

7 Cliquez sur le bouton **TRANSFÉRER UNE VIDÉO** pour mettre en ligne votre séquence.

Ajoutez *un lien*

Toutefois, rien ne vous oblige à mettre directement dans vos pages vos vidéos. Vous pouvez effectivement créer simplement un lien pour se connecter sur un autre site qui proposera la vidéo que vous souhaitez montrer aux internautes.

Si cette technique vous intéresse, voici la procédure pour intégrer un lien dans vos billets.

Ne pas oublier les liens

Un blog, à l'instar de n'importe quel autre site, ne serait qu'une impasse sans lien. Pensez à en proposer dans vos billets pour mieux illustrer vos propos. Les liens s'appliquent également à n'importe quel élément de votre page : image, vidéo... La technique, pour les créer, restera toujours la même.

1 Connectez-vous sur votre interface d'administration pour créer un nouveau message. Inscrivez son titre.

2 Rédigez votre message et sélectionnez la portion de texte qui correspondra à votre lien. Celui-ci apparaîtra en bleu dans votre page.

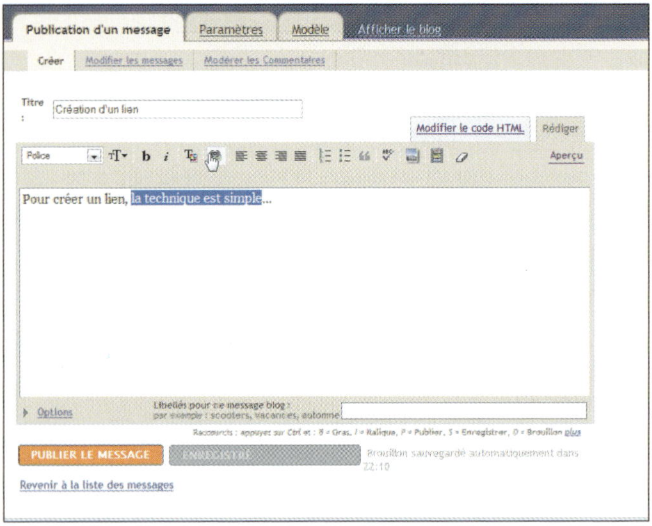

3 Rendez-vous dans la barre d'outils que vous connaissez bien maintenant. Cliquez sur le bouton **Associer**. Une boîte de dialogue s'affichera immédiatement.

4 Inscrivez, dans la zone de texte *Entrez une URL*, l'adresse du site correspondant à votre lien.

5 Cliquez sur le bouton OK pour refermer la boîte de dialogue et créez le lien.

6 Cliquez éventuellement sur le lien *Aperçu* pour afficher le résultat. Vous pourrez, bien entendu, cliquer sur votre lien pour vérifier son fonctionnement.

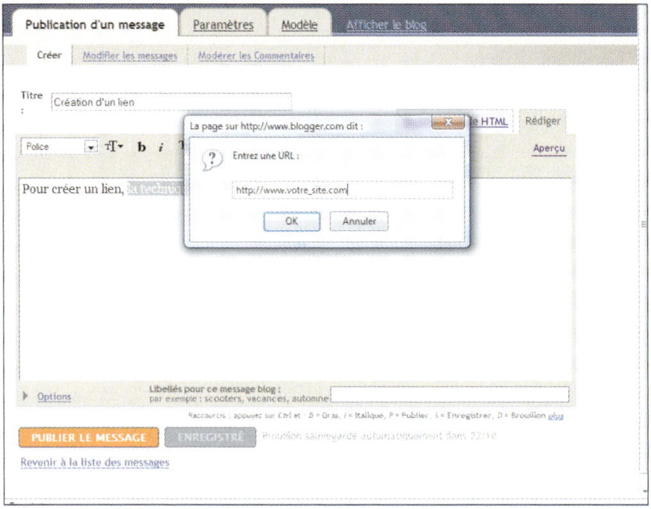

7 Si le résultat vous convient, cliquez en bas de page sur le bouton **PUBLIER LE MESSAGE**.

Sachez enfin que tous les services de création de blog, tel celui de Haut et Fort, intègrent des fonctions identiques à celles que nous venons de voir avec Blogger pour insérer des images, des vidéos ou des liens dans vos billets. Il suffit généralement d'utiliser des commandes spécifiques disponibles, sous forme de boutons, dans une barre d'outils intégrées dans la fenêtre d'édition des nouveaux messages.

Adoptez MySpace

Si votre blog est spécialisé dans la mise en ligne de fichiers multimédias, musique et vidéo plus particulièrement, nous vous conseillons d'adopter un service plus adapté ; en l'occurrence, celui de MySpace qui regroupe une communauté d'utilisateurs importante. Procédez ainsi :

1 Connectez-vous sur MySpace à l'adresse suivante : http://fr.myspace.com. Vous disposez, dans la partie supérieure de la page, d'une barre de navigation pour découvrir toutes les ressources du service.

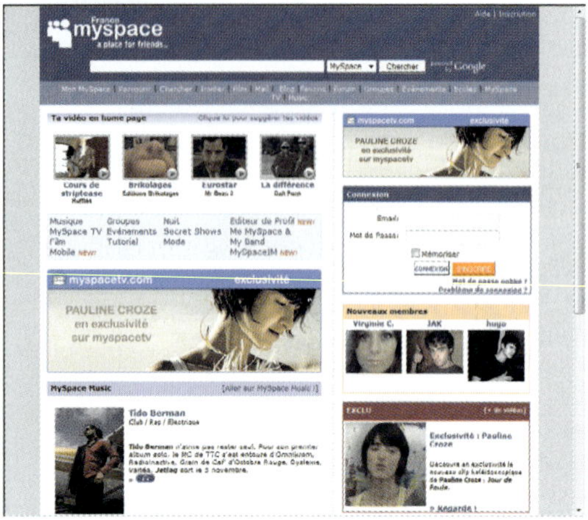

2 Pour avoir vous aussi votre page sur MySpace, vous devez créer un compte. Nous le verrons un peu plus loin dans ce chapitre, la procédure prend deux minutes et s'effectue en quelques clics de souris.

3 Chez MySpace, le multimédia tient une place de choix. Vous pouvez accéder directement à partir de la page d'accueil du service aux dernières vidéos mises en ligne par tous les utilisateurs du service.

4 Tout en bas de la page d'accueil, vous disposez de plusieurs liens intéressants. Ils vous permettront en effet de mieux connaître le fonctionnement du service et de savoir par où commencer pour intégrer cette communauté.

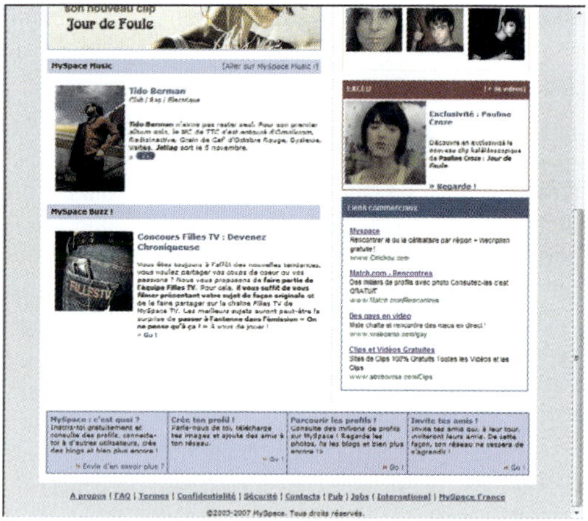

5 Vous disposez également de liens directs pour consulter les profils des autres utilisateurs. Vous pouvez ainsi accéder à leurs pages pour découvrir leurs ressources : blogs, photos, vidéos... Enfin, pour savoir comment agrandir votre réseau d'amis, utilisez le dernier lien proposé en bas de page.

Ouvrez un compte *chez MySpace*

Le service vous a séduit ? C'est normal, vous n'êtes pas le seul. Dans ce cas, n'hésitez plus, connectez-vous sur http://fr.myspace.com **et ouvrez votre compte. Il suffit, à partir de la page d'accueil de MySpace, de cliquer sur le bouton S'inscrire. Il ne vous reste plus qu'à suivre les différentes instructions qui s'affichent à l'écran.**

1 La première partie de l'inscription consiste à remplir un formulaire. Indiquez votre nom, adresse, date de naissance, etc. Au terme de cette procédure, cliquez sur le bouton **Inscription** que vous trouverez en bas de page.

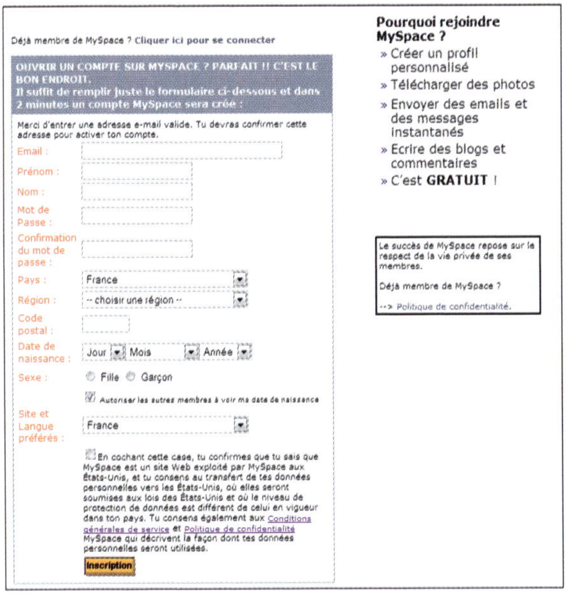

2 Vous avez la possibilité de masquer votre date de naissance sur votre profil public. Décochez pour cela l'option *Autoriser les autres membres à voir ma date de naissance*.

3 La colonne de droite regroupe différentes informations sur le service. Consultez-les.

MySpace en français

La version française du service MySpace, malgré son succès, est encore assez récente. C'est pourquoi, certaines sections, de plus en plus rares heureusement, n'ont toujours pas été traduites. Elles ne sont donc pas encore accessibles à travers l'interface française. Cela ne devrait plus tarder.

4 L'étape suivante permet de mettre en ligne votre photo. Cliquez sur le bouton **Parcourir** pour afficher l'explorateur de fichiers.

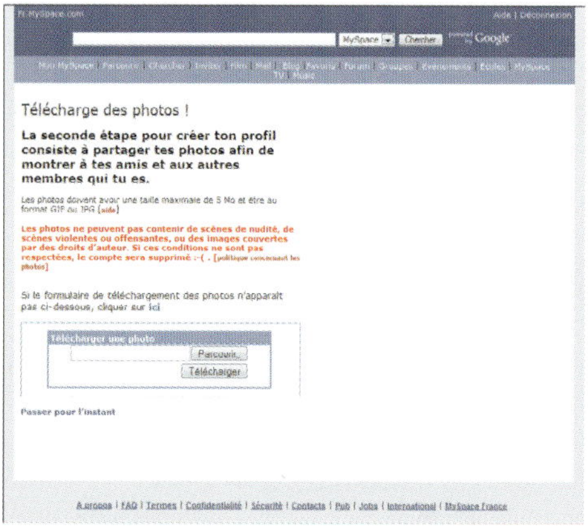

5 Sélectionnez, sur votre ordinateur, la photo que vous souhaitez mettre en ligne sur MySpace.

6 Validez par OK votre sélection pour refermer la boîte de dialogue.

7 Cliquez sur le bouton **Télécharger** pour transférer votre photo sur votre espace.

8 Si vous ne souhaitez pas mettre en ligne immédiatement votre photo, sachez que vous pourrez le faire plus tard, à n'importe quel autre moment. Cliquez sur le lien *Passer pour l'instant.*

Vous n'êtes plus qu'à un clic de l'ouverture de votre compte sur MySpace. Cette dernière étape consiste, comme vous allez le voir, à inviter vos premiers amis à visiter votre espace. Une opération particulièrement simple avec les outils conçus à cet effet par le service.

1 La première partie du formulaire, qui permettra d'envoyer une invitation à vos amis pour venir vous voir sur MySpace, a été préremplie. Le sujet du message et votre adresse email d'expéditeur ont été automatiquement spécifiés.

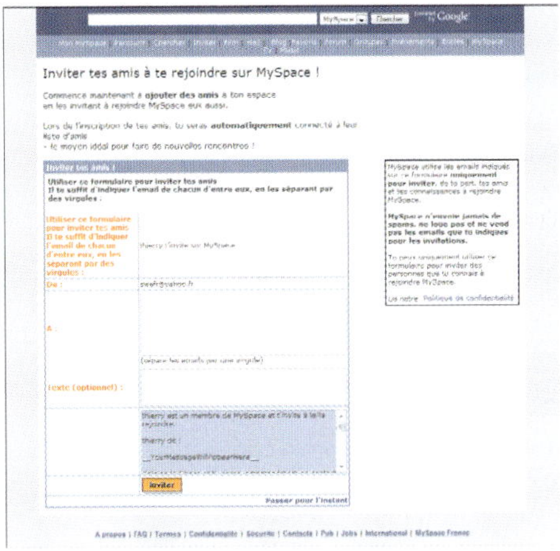

2 Inscrivez dans la zone de texte *A* l'adresse de courrier électronique de l'ami que vous souhaitez inviter. Vous pouvez en indiquer plusieurs. Dans ce cas, il suffit d'inscrire les adresses email en les séparant d'une virgule.

3 Un message par défaut sera envoyé. Vous avez la possibilité de le personnaliser en inscrivant dans la zone de texte suivante un commentaire de votre choix.

4 Après avoir cliqué sur le bouton **Inviter**, ou sur le lien *Passer pour l'instant* si vous ne souhaitez pas envoyer d'invitation pour le moment, l'interface d'administration du service s'affiche.

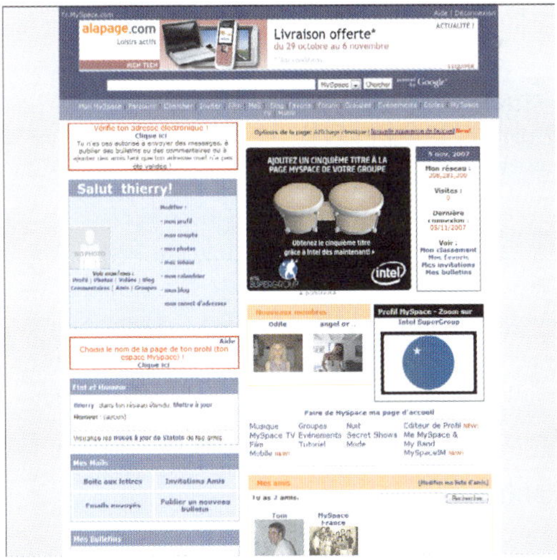

L'interface d'administration

Pour définir le contenu de votre espace, vous disposez d'un module particulier : l'interface d'administration. Les différentes commandes qu'elle propose vous permettront d'ajouter des messages dans votre blog, de modifier votre profil, d'intégrer de nouvelles vidéos, etc.

5 Pour accéder à toutes les fonctions du service, vous devez valider votre adresse de courrier électronique comme on vous l'indique ici. Cliquez sur le lien contenu dans le message email que l'on vous a envoyé.

6 La section dédiée à votre liste d'amis en bas de page contient déjà deux amis. Visitez le profil de Tom qui s'avère être celui du responsable de MySpace. Sa page regorge de conseils pour bien débuter sur son service.

Choisissez *votre adresse*

La création d'un compte sur MySpace ne suffit pas pour trouver votre page sur le Web. Vous devez effectivement créer votre adresse. Une étape indispensable pour exister. Elle permettra effectivement de se connecter sur votre espace.

Procédez ainsi :

1 Après avoir confirmé par email votre inscription, la page d'accueil du service MySpace est automatiquement modifiée. Elle intègre désormais de nombreuses fonctions supplémentaires. Elles sont disponibles uniquement pour les utilisateurs enregistrés.

2 Le panneau de contrôle, qui apparaît à gauche de la fenêtre, contient des liens pour accéder aux principales fonctions du service. Vous pourrez ainsi consulter vos messages, ajouter des amis, personnaliser votre page, etc.

3 Il est temps de créer votre adresse MySpace. Cliquez sur le lien proposé en haut de page, juste en dessous du message d'accueil, sous votre nom exactement.

Personnalisez votre adresse

Vous avez la possibilité d'utiliser l'adresse de votre choix, sous la forme www .mon_adresse.fr, pour accéder à votre espace. Il ne sera plus nécessaire de saisir l'adresse www.myspace.com/votre_compte pour afficher votre profil. Reportez-vous aux fiches pratiques dédiées à la création d'un nom de domaine à la fin de cet ouvrage.

4 Comme on vous l'indique dans la nouvelle page qui s'affiche, vous avez la possibilité de changer de pseudo à tout moment et autant de fois que vous le voulez. Néanmoins, l'adresse de votre page que vous allez définir ici sera définitive. Impossible de la modifier par la suite.

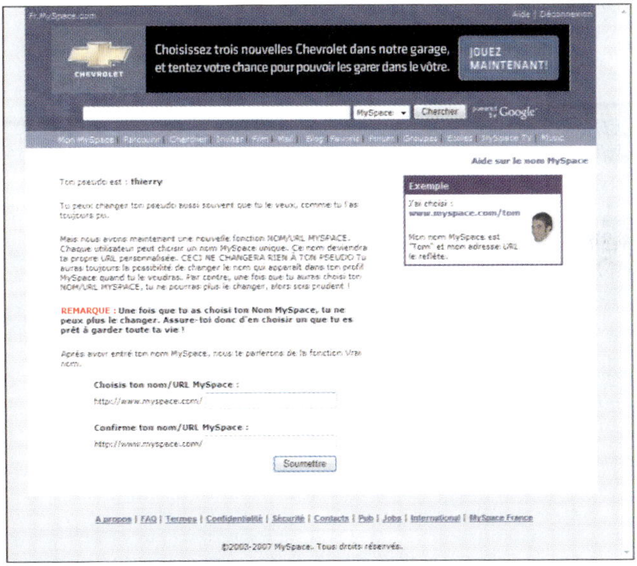

5 Complétez l'adresse proposée avec le terme de votre choix. Celui-ci ne doit pas contenir d'accent ni de caractères spéciaux.

6 Confirmez votre adresse en l'inscrivant une seconde fois.

7 Validez votre choix en cliquant sur le bouton **Soumettre**. Votre adresse a été créée.

Ajoutez *des messages*

Comme nous l'avons indiqué, votre page MySpace intègre un véritable blog. Vous pouvez l'utiliser pour mieux vous présenter, ou pour tenir en ligne un journal des principaux événements de votre vie. Comme vous le verrez, vos amis n'hésiteront pas à ajouter leurs commentaires à vos messages.

1 Pour ajouter un billet sur votre blog, cliquez sur le lien *blog*, disponible sur la page d'accueil *Mon MySpace*, juste en dessous de la date de votre dernière connexion. La page qui apparaît contient tous les billets que vous avez déjà postés. Si vous n'en avez écrit aucun pour le moment, un message du service s'affichera à la place.

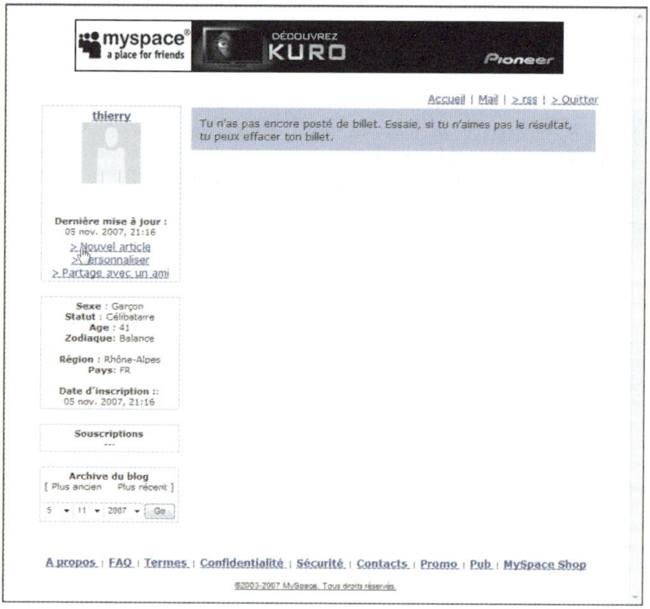

2 Vous pouvez créer le premier message de votre blog. Il suffit de cliquer sur le lien *Nouvel article* disponible dans la colonne de gauche. Vous disposerez alors d'une interface spécifique qui intègre toutes les commandes nécessaires pour saisir le texte de votre billet.

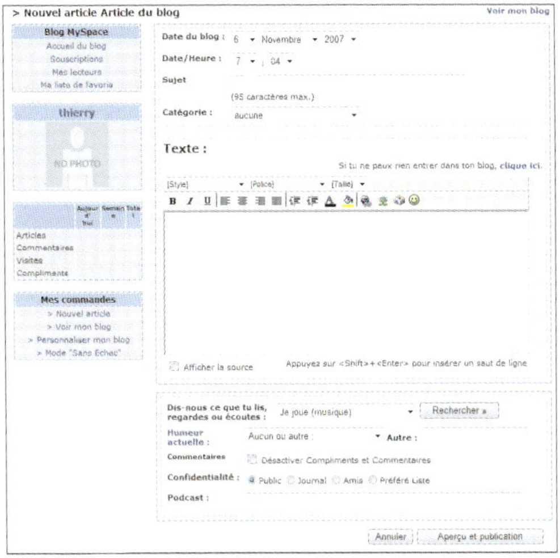

Supprimer un message

Si vous regrettez d'avoir posté un message sur votre blog, il est possible de le supprimer. En effet, chaque post contient un lien *Supprimer*. Il suffit de cliquer dessus pour effacer immédiatement l'article correspondant.

3 Dans la nouvelle page d'édition des messages qui s'affiche, inscrivez le sujet de votre billet dans la zone de texte conçue à cet effet.

4 Rédigez votre message dans le cadre principal de la page. Vous disposez d'une barre d'outils pour mettre en forme votre billet avec de la couleur, des effets de style, de nouvelles polices, etc.

5 La seconde section de la page vous permet d'ajouter différentes informations associées à votre billet. Par exemple, votre humeur actuelle lorsque vous avez rédigé votre message. C'est également ici que vous pouvez désactiver la mise en ligne des commentaires par vos visiteurs.

Partagez *un emploi du temps*

Vous avez un emploi du temps chargé et de nombreux amis ? Adoptez le calendrier de MySpace. Il a la particularité de pouvoir être partagé en ligne. Très utile. Procédez ainsi :

1 Connectez-vous sur la page **Mon MySpace**.

2 Rendez-vous dans le panneau de contrôle, à gauche. Cliquez sur le lien *Calendrier*. La page qui apparaît permet de remplir votre agenda en ligne. Vous disposez de plusieurs onglets pour modifier l'affichage du calendrier : par jour, par semaine, par mois, etc.

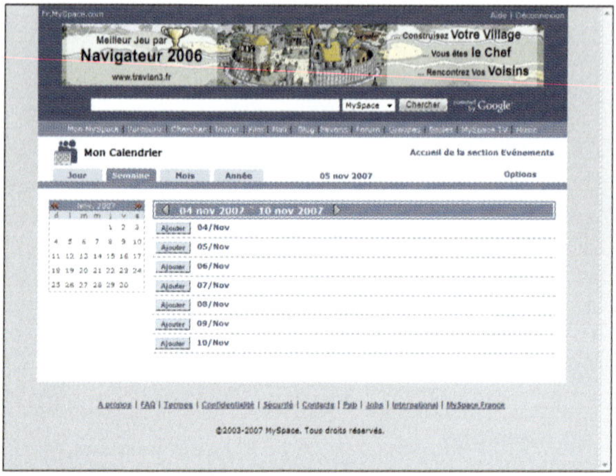

3 Cliquez sur le bouton **Ajouter** situé en face du jour ou de l'heure qui vous intéresse pour inscrire un rendez-vous ou une tâche à effectuer à cette date.

4 Cliquez sur le lien *Options* pour accéder aux différents paramètres de votre calendrier. Vous allez effectivement pouvoir personnaliser son fonctionnement.

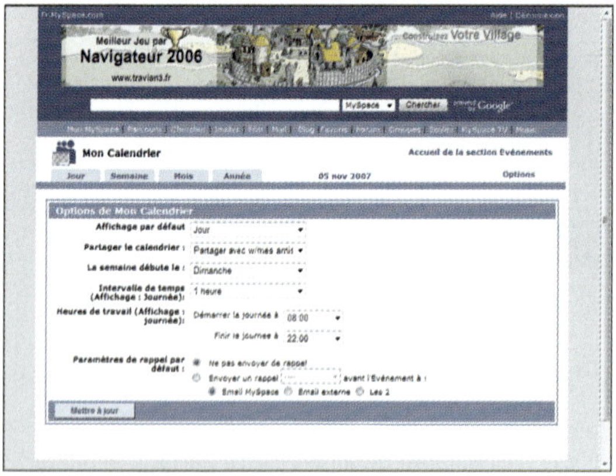

Ne plus oublier vos rendez-vous

Vous oubliez régulièrement vos rendez-vous ? Pour éviter que cela ne se reproduise trop souvent, rendez-vous dans les options du calendrier. Vous pouvez effectivement définir ici un système de rappel par courrier électronique. Vous serez ainsi toujours prévenu à temps.

5 Dans la page qui apparaît, vous pouvez sélectionner le type d'affichage par défaut : par jour, semaine, mois ou année. Vous pouvez également restreindre l'accès à votre calendrier en n'autorisant sa consultation qu'à vos amis.

6 Autre option intéressante à ne pas négliger : les paramètres de rappel par défaut. Vous pouvez effectivement définir, à une fréquence de votre choix, l'envoi automatique d'un email pour vous prévenir d'un événement.

7 Au terme de la configuration de votre calendrier, cliquez sur le bouton **Mettre à jour** disponible en bas de page. Vos nouveaux paramètres seront immédiatement enregistrés.

Mettez à jour *vos informations*

Avec le temps, certaines informations que vous avez fournies au service pour l'ouverture de votre compte MySpace ne sont plus valables. Heureusement, il existe un module spécifique pour mettre à jour toutes vos informations personnelles.

Procédez ainsi :

1 Connectez-vous sur la page **Mon MySpace**.

2 Rendez-vous dans le panneau de contrôle à gauche. Cliquez sur le lien *Paramètres*. La page qui apparaît permet de modifier votre compte.

3 Inscrivez, sous la première section, une nouvelle adresse email et cliquez sur le bouton **Enregistrer les modifications** pour la sauvegarder.

4 Dans la section suivante, spécifiez la langue du service et le fuseau horaire que vous souhaitez utiliser.

5 Cliquez sur le bouton **Enregistrer les modifications**.

6 Pour supprimer votre compte, si vous le souhaitez, cliquez sur le lien *Annuler le compte*.

Vous protéger du spam

Si vous autorisez les utilisateurs à laisser un commentaire sur votre blog, vous trouverez parfois de la publicité. Sachez que vous pouvez la bloquer automatiquement avec les options disponibles sous la section *Spam*.

7 Utilisez les liens disponibles en haut de page pour accéder aux autres paramètres qui vous permettront de modifier votre compte. Cliquez, par exemple, sur le lien *Confidentialité*. Une nouvelle page s'affichera immédiatement.

8 Vous pouvez configurer ici le partage de vos informations. Par exemple, si vous ne souhaitez pas que votre profil soit consulté par tout le monde, sélectionnez l'option *Uniquement mes amis* ou *Toutes les personnes de 18 ans et plus.*

9 Cliquez sur le bouton **Enregistrer toutes les modifications** lorsque vous avez terminé de paramétrer vos options.

Ajoutez des images

Vous avez la possibilité d'ajouter ou de modifier la photo de votre profil sur MySpace. Vous avez également la possibilité de créer un véritable album photo, voire un diaporama. Il suffit de sélectionner vos images et de les mettre en ligne. MySpace se charge du reste.

Procédez ainsi :

1 Pour modifier la photo de votre profil, cliquez sur le lien *Modifier* situé en dessous de l'emplacement de votre photo, sur la page **Mon MySpace**.

2 Si vous souhaitez mettre en ligne plusieurs photos dans un album, la technique est différente. Rendez-vous dans le panneau de contrôle et cliquez sur le lien *Photos*.

3 Dans la page qui apparaît, cliquez sur le lien *Télécharger des photos* pour afficher une page du même nom.

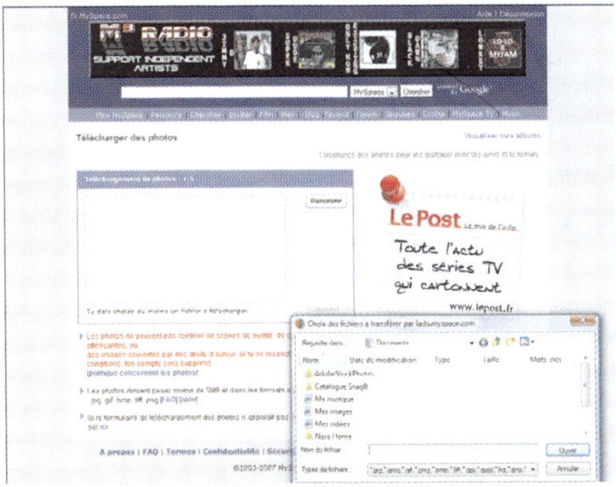

4 Cliquez sur le bouton **Parcourir** pour afficher l'explorateur de fichiers.

5 Sélectionnez vos photos et cliquez sur le bouton **Ouvrir** pour refermer la boîte de dialogue.

6 Cliquez sur le bouton **Suivant**.

Une photo adaptée au Web

Vous ne pouvez pas mettre en ligne sur MySpace n'importe quel format d'image. Adoptez le format JPEG (ou JPG) pour vos photos, et le format GIF pour vos images qui ne contiennent pas beaucoup de couleurs (dessin, logo, etc.). Reportez-vous également aux fiches pratiques dédiées à la préparation des images que vous trouverez à la fin de cet ouvrage.

7 Sélectionnez un album photo pour mettre en ligne vos images. Si vous n'en possédez pas, sélectionnez l'option qui permet d'en créer un nouveau. Vous obtiendrez une nouvelle fenêtre où vous devrez saisir le titre de votre album.

8 Vous pouvez restreindre ou autoriser la consultation de votre album photo. Cochez une des trois options proposées : *Tous*, *Amis uniquement* ou *Privé*. Dans ce dernier cas, vous devrez transmettre vous-même l'adresse de votre album aux personnes qui auront le droit de le consulter.

9 Cliquez sur le bouton **Créer** pour enregistrer l'album. Au terme de cette procédure, vos photos sont disponibles sur MySpace.

Complétez *votre page sur MySpace*

Un profil, dans le jargon de MySpace, désigne votre espace, c'est-à-dire votre page avec toutes les informations que vous avez souhaité y faire apparaître. Voyons comment ajouter du contenu sur votre page.

1 Pour modifier votre profil, connectez-vous sur la page **Mon MySpace**. À partir du panneau de contrôle, cliquez sur le lien *Profil*.

2 Dans la page qui apparaît, vous disposez de plusieurs liens pour personnaliser les différentes sections de votre page.

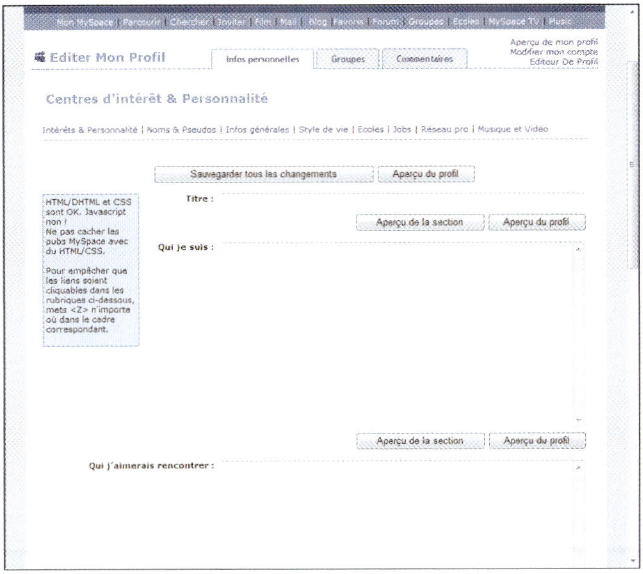

3 Dans la section dédiée à vos centres d'intérêt, vous pouvez vous décrire, expliquer ce que vous recherchez sur MySpace, indiquer vos goûts musicaux, etc.

4 Cliquez sur le bouton **Aperçu** de la section dédiée à vos centres d'intérêt pour obtenir un aperçu de la rubrique que vous venez de modifier sur votre page. Le bouton **Aperçu du profil** permet d'afficher la totalité de votre page.

Changer de pseudo

Pour adopter un pseudo différent de celui que vous avez utilisé en ouvrant un compte sur MySpace, la procédure ne pose aucune difficulté. Dans la fenêtre **Éditer mon profil**, cliquez sur le lien *Noms & Pseudos*. Inscrivez votre nouveau pseudo dans le champ conçu à cet effet.

5 Cliquez, en haut de page, sur le lien *Infos générales* pour que les visiteurs de votre profil en sachent plus à votre sujet.

6 Indiquez les différents renseignements que l'on vous demande sur le formulaire : date de naissance, emploi occupé, taille, etc. Bien entendu, vous n'êtes pas obligé de renseigner tous les champs.

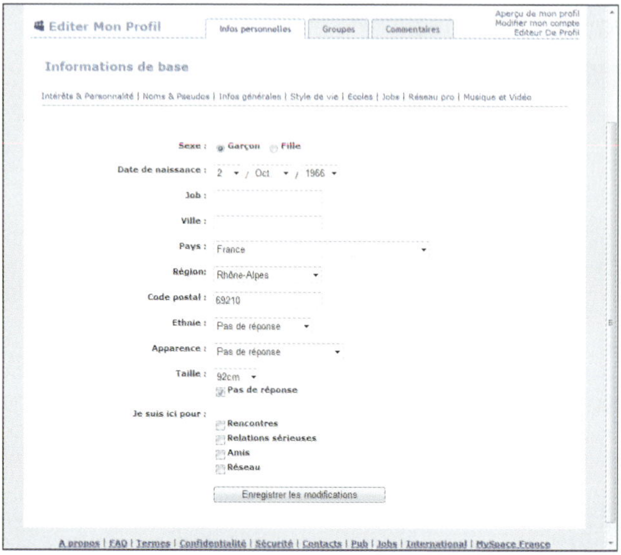

7 Après vos modifications, cliquez sur le lien *Aperçu de mon profil.* Si le résultat vous convient, cliquez sur le bouton **Enregistrer les modifications** disponible en bas de page.

Ajoutez *de la musique*

Si vous avez déjà visité quelques profils sur MySpace, vous avez probablement remarqué que certaines pages intégraient un lecteur Audio pour accueillir en musique les internautes. Cela vous intéresse ? Voici la procédure à suivre pour adopter un tel lecteur audio.

1 Pour ajouter de la musique sur votre profil, connectez-vous sur la page d'accueil **Mon MySpace**. À partir du panneau de contrôle, cliquez sur le lien *Profil.*

2 Dans la fenêtre qui apparaît, cliquez sur le lien *Musique et vidéo* pour afficher une nouvelle page.

3 Rendez-vous à la première section dédiée à l'insertion de musique sur votre profil. Cliquez sur le lien *Fais une recherche dans MySpace Music.*

4 L'annuaire MySpace Music s'affiche immédiatement. Consultez son contenu pour trouver un groupe ou un chanteur.

MySpace Music

MySpace Music représente, comme son nom l'indique, une communauté d'utilisateurs MySpace entièrement dédiée à la promotion de leur musique. C'est une façon de se faire connaître en dehors des circuits traditionnels.

5 Lorsque vous avez trouvé un artiste qui vous convient, cliquez sur son nom pour accéder à son profil. Celui-ci intègre généralement une présentation de l'auteur, son parcours, sa discographie, etc.

6 Vous pouvez écouter, avec le lecteur audio dédié à cet effet, les morceaux que l'artiste a mis à votre disposition sur sa page.

7 Vous souhaitez intégrer un morceau sur votre profil ? La procédure est simple. Repérez son nom dans la liste située sous le lecteur.

8 Cliquez sur le lien *Add* disponible à côté du titre de ce morceau. Le lecteur sera automatiquement ajouté dans votre page avec la chanson correspondante. Enfin, rien ne vous empêche d'intégrer ainsi plusieurs chansons.

Ajoutez *de la vidéo*

Pour que votre page soit la plus intéressante possible, il convient de mettre un peu d'ambiance. Et dans ce domaine, il n'y a pas mieux que des petites séquences vidéo.

1 Pour ajouter des séquences vidéo sur votre profil, connectez-vous sur la page d'accueil **Mon MySpace**. Rendez-vous dans le panneau de contrôle. Cliquez sur le lien *Profil*.

2 Dans la fenêtre qui apparaît, cliquez sur le lien *Musique et vidéo* pour afficher une nouvelle page que vous avez déjà rencontrée précédemment.

3 Reportez-vous à la seconde section dédiée à l'insertion de séquences vidéo sur votre profil.

4 Cliquez sur le lien *Rechercher une vidéo dans MySpace vidéo*.

MySpace Vidéo

À l'instar de MySpace Music, MySpaceTV, appelé aussi MySpace Vidéo, représente une communauté d'utilisateurs réunis autour de la création vidéo. Vous trouverez ici des petits films, souvent humoristiques, à intégrer sur votre profil.

5 L'annuaire MySpace Vidéo s'affiche. Consultez son contenu pour trouver une séquence qui vous intéresse et que vous souhaitez intégrer dans votre profil.

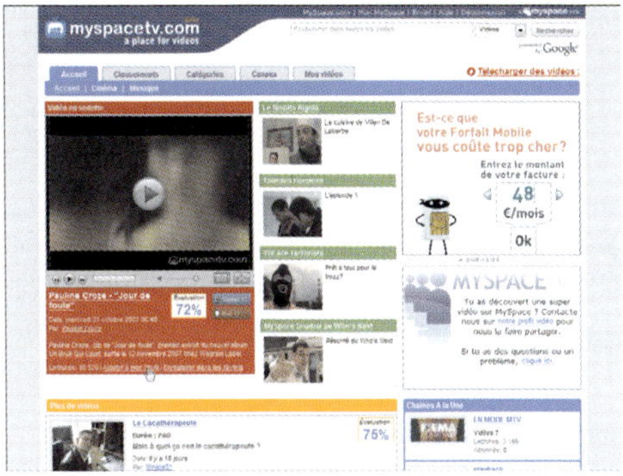

6 Lorsque vous avez trouvé une vidéo à votre goût, cliquez sur le lien *Ajouter à mon profil* proposé dans la section qui intègre le lecteur vidéo. Il ne reste plus qu'à afficher votre profil pour vérifier que la séquence a été intégrée dans votre page. Là encore, à l'instar de l'intégration audio, rien ne vous interdit d'ajouter plusieurs séquences vidéo dans votre profil. Restez toutefois raisonnable.

Personnalisez *votre page*

MySpace propose un outil performant pour personnaliser l'apparence de votre page : l'éditeur de profil. Il vous permettra de modifier la couleur de votre page, d'insérer une image de fond, d'adopter un skin...

1 Connectez-vous sur la page **Mon MySpace** et cliquez sur le lien *Éditeur de profil*. Celui-ci est disponible dans la colonne de gauche, sous la section *Outils*.

2 Dans la page qui apparaît, vous disposez d'une brève présentation des différents éléments que vous pouvez personnaliser sur votre profil.

3 Cliquez sur le bouton **Start** dans la partie supérieure de la page. Ce bouton vous permettra d'afficher une nouvelle fenêtre et de démarrer un Assistant pour personnaliser votre profil.

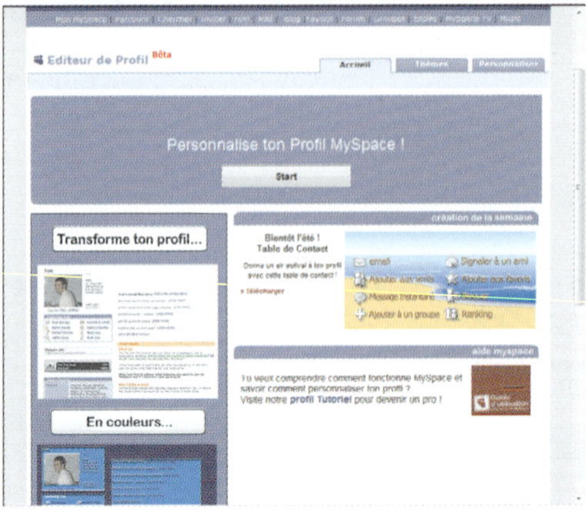

4 Une série de boutons est disponible en haut de la nouvelle page. Chacun d'eux vous permet de personnaliser un élément précis de votre profil. Cliquez sur le bouton **Arrière-plan**, par exemple, pour modifier la couleur de fond de votre page.

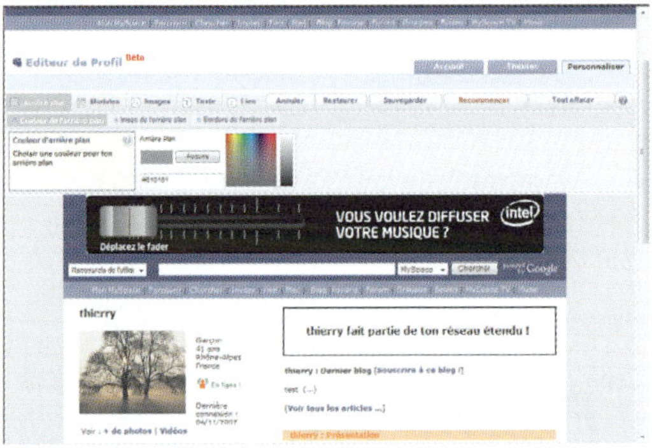

5 L'Assistant de personnalisation de la couleur d'arrière-plan apparaît. Sélectionnez, dans la palette de couleurs prévue à cet effet, la couleur que vous souhaitez adopter pour le fond de votre page. Vous obtiendrez un aperçu du résultat immédiatement, sur la même page.

6 Si le résultat vous convient, cliquez sur le bouton **Sauvegarder**. Vous pouvez passer à un autre élément de votre profil.

Pour terminer ce chapitre, et en savoir plus sur MySpace France, vous avez la possibilité de vous tenir au courant de l'apparition de nouvelles fonctions sur le service. Il suffit de consulter régulièrement le profil de l'utilisateur *MySpace France*. Vous le trouverez dans la liste de vos amis.

Chapitre 5

Faites-vous connaître

Créer son blog, c'est bien, mais le faire connaître sur Internet, c'est encore mieux. Sinon, vous risquez de parler dans le vide et cela risque de vous lasser très vite. Dès lors, pour éviter une telle déception, voici quelques petites règles à appliquer rapidement, dès que votre blog devient fonctionnel et que vous avez publié votre premier billet en ligne.

Le référencement

L'étape la plus importante pour exister sur Internet consiste à se faire référencer dans l'index des moteurs de recherche. Ainsi, lorsque les internautes effectueront une recherche sur de tels services, Google par exemple, ils pourront voir apparaître votre blog. Attention, il y a de la concurrence... Il existe actuellement plusieurs milliards de pages web sur Internet au niveau mondial et il s'avère impossible pour n'importe quel moteur de recherche, même les plus efficaces comme Google, d'indexer la totalité des pages existantes dans leurs bases de données. C'est pourquoi il est indispensable d'adopter une stratégie efficace pour faire la promotion de votre blog si vous voulez qu'il existe sur Internet. Dans le cas contraire, il restera désespérément invisible.

Concrètement, le référencement d'un blog sur les moteurs de recherche, notamment celui de Google, constitue, pour tous les webmestres, une étape incontournable dans la phase de développement de leur projet, juste après la mise en ligne du blog. En effet, lorsqu'un internaute crée son propre site, il cherche généralement à le faire connaître du public et Google, compte tenu de sa popularité dans le monde de la recherche sur Internet, représente une plate-forme de choix où tout blog digne de ce nom se doit d'être présent. De fait, des pages totalement absentes des moteurs de recherche ou des annuaires ne génèrent pas beaucoup de trafic, voire aucun ; on peut alors s'interroger parfois sur l'utilité de leur présence sur le Web si aucun internaute ne peut effectivement les trouver pour consulter leur contenu.

Dans ces conditions, nous allons vous expliquer comment apparaître dans les résultats du plus célèbre des moteurs de recherche : Google.

Vous référencer chez Google

Ce n'est plus un secret, les moteurs de recherche, en particulier celui de Google, représentent la plus grande partie du trafic sur n'importe quel site public du Web. Dès lors, l'objectif de n'importe quel webmestre, lorsqu'un internaute exécutera une requête, sera d'apparaître sur la première page des résultats renvoyés par les services de recherche du Web. Idéalement, vous devez apparaître dans les cinq premières places. Mais si vous êtes déjà présent sur la première page, vous pourrez être satisfait de votre travail.

Néanmoins, il existe parfois beaucoup de concurrence sur certains mots-clés ... Et dans ces conditions, un bon référencement ne s'improvise pas.

Concrètement, Google prend en compte plusieurs critères pour classer dans les premières positions de ses pages de résultats les sites qu'il a indexés dans sa base de données. Ainsi, certains mots-clés doivent être présents à des endroits précis dans vos pages. Il doit exister, en outre, d'autres sites ayant mis en place un lien vers votre propre blog pour augmenter, entre autres, votre popularité.

Bref, vous l'avez compris, il existe plusieurs méthodes qui permettront à votre site d'apparaître dans les meilleures places sur Google, ce qui augmentera significativement la fréquentation de votre blog. Une récompense inestimable pour le travail de tout webmestre.

Déclarez l'existence *de votre blog*

Pour référencer votre blog dans le gigantesque index de Google, la technique s'avère simple et à la portée de tout internaute :

1. Connectez-vous sur la page d'accueil du service de recherche français de Google (www.google.fr) ou directement à l'adresse suivante : www.google.fr/addurl/?hl=fr&continue=/addurl.

2. À partir de la page d'accueil, cliquez sur le lien *À propos de Google.*

3. Dans la nouvelle page qui s'affiche, cliquez sur le lien *Ajouter/Supprimer votre URL.*

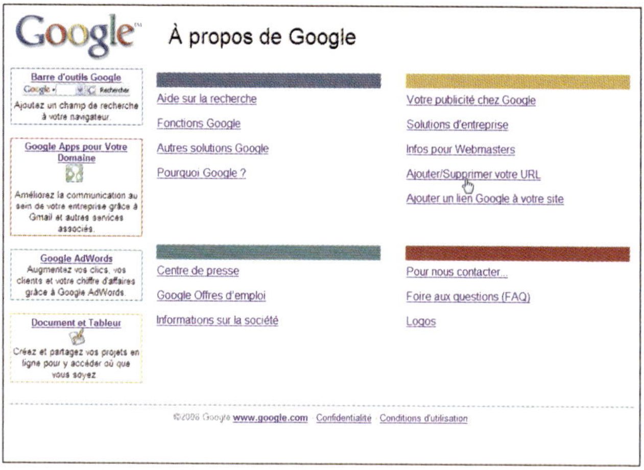

4 Inscrivez l'adresse de votre page d'accueil dans la zone de texte *URL* et ajoutez une brève description de votre site dans la zone de texte *Commentaires*.

5 Recopiez les caractères qui s'affichent pour que Google puisse faire la distinction entre les référencements effectués automatiquement avec des logiciels spécialisés et les référencements manuels. Même si cette procédure s'avère facultative, il est fortement conseillé de la suivre.

6 Cliquez sur le bouton **Ajouter l'URL** pour enregistrer l'adresse de votre blog dans l'index de Google.

7 Vous obtenez une page de confirmation qui indique que votre adresse a été ajoutée dans la liste des sites que le robot de Google doit visiter avant leur indexation dans sa base de données.

Délai d'indexation

Les délais d'enregistrement dans l'index de Google sont assez longs ; comptez un à deux mois. Il est inutile de soumettre une seconde fois l'adresse de votre blog.

Votre blog sera ainsi, théoriquement, présent dans l'index de Google. Cette technique s'avère-t-elle suffisante pour que vous soyez placé en tête de liste lorsque les utilisateurs effectueront une recherche ? Sûrement pas. En fait, vous allez devoir optimiser vos pages et faire leur promotion sur le Web.

Soyez présent partout

Pour optimiser son positionnement sur Google, il faut être présent partout. En d'autres termes, vous devez référencer votre site sur tous les services de recherche disponibles sur le Web : Yahoo!, MSN, GigaBlast, AltaVista, HotBot, etc. C'est pourquoi, avant de commencer cette tâche qui peut prendre un temps considérable, il convient de bien connaître tous les services de recherche dont vous disposez sur Internet.

Référencement total

Google représente l'outil de recherche le plus important actuellement sur le Web mais ce serait une erreur de négliger ses concurrents. Tout d'abord, il existe de nombreux internautes qui approfondissent leurs recherches à partir d'autres outils et si vous êtes mal positionné sur un mot-clé avec Google, vous pouvez apparaître plus favorablement sur un autre service. De plus, le fait de référencer votre blog sur d'autres annuaires ou moteurs de recherche augmente incontestablement votre popularité sur le Web et Google en tient compte. Il vous placera alors en meilleure position dans son index ; vous aurez plus de chances ainsi d'occuper les meilleures places dans ses pages de résultats.

À ce propos, il existe deux services bien différents pour référencer les sites web.

D'un côté, vous disposez de véritables moteurs de recherche comme celui de Google. Ils utilisent, pour élaborer leur index, des programmes appelés robots ou spiders. Leur activité est continuelle. En d'autres termes, leur fonctionnement qui consiste à récupérer de nouvelles adresses et mettre à jour leur base, se fait nuit et jour, inlassablement. Résultat : vous avez à votre disposition un index composé de plusieurs milliards d'adresses pour effectuer vos recherches. Cela constitue un véritable problème puisque lors du traitement de vos requêtes par de tels moteurs de recherche, vous obtenez fréquemment des milliers de pages à consulter et à trier. Raison de plus pour optimiser le référencement de votre blog et se démarquer ainsi de toute cette masse d'informations.

Le second outil de recherche du Web permet de référencer votre blog dans des annuaires. Par exemple, celui de l'*Open Directory Project* (appelé aussi Dmoz). Ce répertoire de sites a été directement intégré dans les services de recherche de Google et vous pouvez l'exploiter directement à partir de cette adresse : www.google.fr/dirhp.

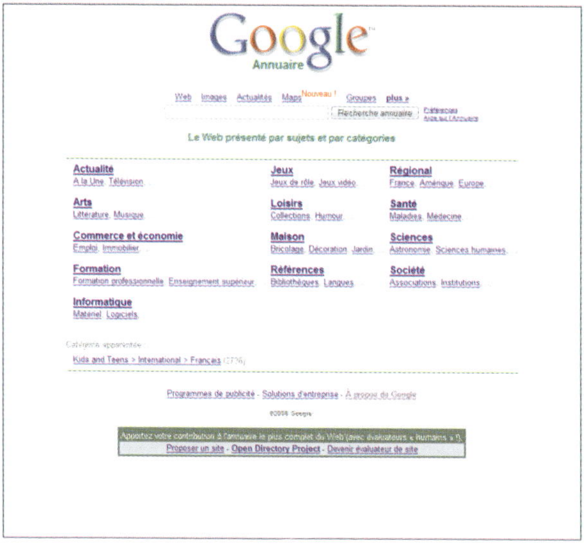

L'annuaire de l'*Open Directory Project* exploite une autre méthode pour élaborer son index de recherche. En effet, il n'utilise pas de robot d'indexation pour parcourir le Web. Une équipe d'internautes, appelés éditeurs, sont chargés de la sélection et du référencement des sites de cet annuaire.

Leur technique consiste à surfer sur le Web à la recherche de nouveaux sites à indexer. En général, ils sont passionnés des thématiques dont ils ont la responsabilité sur l'annuaire et rien ne leur échappe. La sélection est rigoureuse et de qualité. Cela dit, ils reçoivent également par courrier électronique les demandes de référencement des webmestres qui souhaitent voir leur site présent dans les rubriques de l'*Open Directory Project*. Dans ce cas, le contenu de ces sites est vérifié avant d'être intégré dans l'annuaire.

Le travail des éditeurs de Dmoz consiste également à classer les informations disponibles dans les répertoires de leur annuaire. Le résultat s'avère alors très différent de celui d'une recherche à partir de la page d'accueil principale de Google. La production, quantitative et qualitative, n'est pas la même que celle d'un robot dont le fonctionnement ne s'arrête jamais. Et cela se voit immédiatement lorsque vous parcourez l'arborescence des répertoires thématiques proposés. L'information est rapidement disponible, l'accès est clair, le tri a déjà été effectué et vous ne serez pas submergé par le nombre d'adresses comme les résultats que vous obtiendrez avec un véritable moteur de recherche dont le fonctionnement a été totalement automatisé.

Quoi qu'il soit, annuaire ou moteur de recherche, votre site doit apparaître sur ces deux types de service pour réellement exister.

La soumission d'une adresse web dans l'index de Google a été présentée précédemment et il inutile d'y revenir. Pour être bien placé dans les pages de résultats de Google, il est indispensable d'être également présent dans son annuaire partenaire, Dmoz.

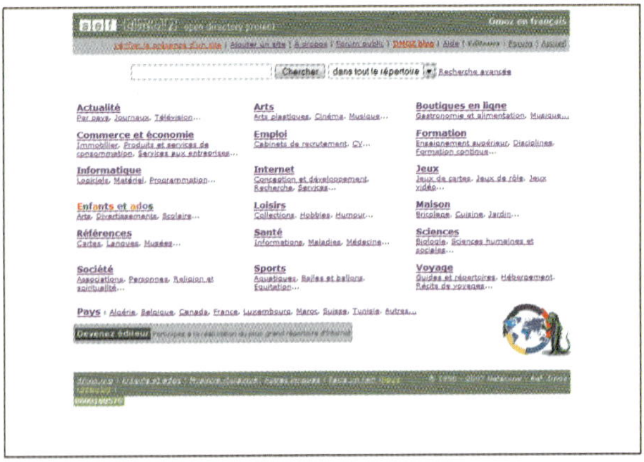

La technique de soumission d'adresse de site dans l'*Open Directory Project* demande un certain travail de votre part, mais sachez que cela vaut la peine. Vous devrez effectivement envoyer une description précise de votre site au service (thème traité, adresse...). Il faudra ensuite attendre de recevoir une réponse positive. Ce qui n'est pas toujours le cas. Tout dépend de la qualité de votre site, au niveau du contenu et de son ergonomie. Dès lors, vérifiez bien que vos pages ne contiennent pas des erreurs grossières de navigation : liens non fonctionnels, sites publicitaires ou de type plaquette d'entreprise qui ne proposent aucune information utile pour le public. De fait, les éditeurs de Dmoz n'indexent pas dans leur répertoire des pages qui ne constitue, en fait, qu'une publicité. Ils préfèrent les sites informatifs qui offrent un véritable contenu, des services et des pages attrayantes qui intéresseront la majorité des internautes concernée par le sujet traité.

Si c'est le cas, vous pouvez tenter votre chance en suivant cette démarche qui s'avère généralement valable pour tous les autres annuaires. Et il ne faudra effectivement pas oublier ces derniers.

1 Connectez-vous sur l'annuaire Dmoz français : www.aef-dmoz.org.

2 Repérez, dans l'arborescence de l'annuaire, le répertoire qui semble le mieux convenir pour référencer votre blog.

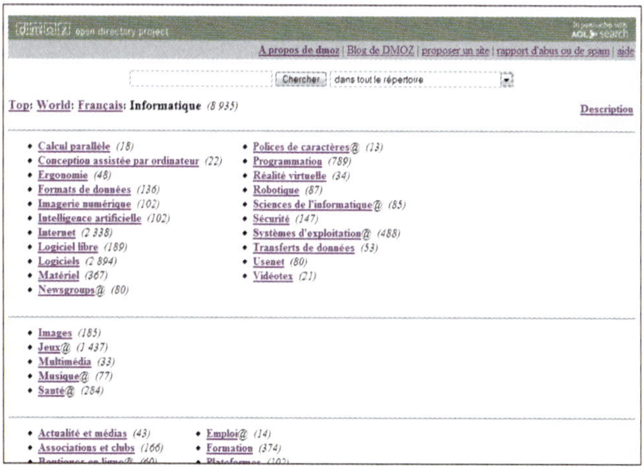

3 Une fois le répertoire trouvé, cliquez sur le lien *Proposer un site* accessible en haut de page.

Absence de lien

Certaines catégories ne proposent aucun lien pour référencer votre blog. Cela signifie qu'il n'est pas possible de le faire pour la catégorie sélectionnée. Vous devrez trouver une sous-catégorie encore plus précise pour soumettre l'adresse de votre blog.

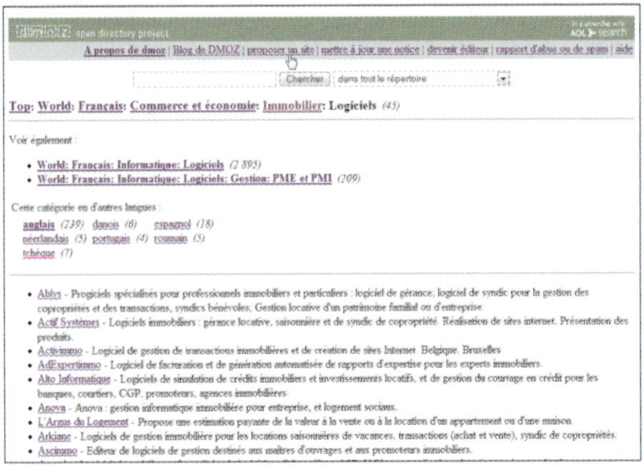

4 Le formulaire de soumission de site qui s'affiche a repris automatiquement la catégorie où vous souhaitez inscrire votre blog. Il ne reste plus qu'à indiquer les autres informations que l'on vous demande : nom du blog, adresse, description brève et adresse de courrier électronique.

La rédaction de votre description

Soyez précis et bref dans la description que vous ferez de votre site. Restez honnête en décrivant son contenu car il sera toujours vérifié par l'éditeur avant d'être intégré dans une des catégories de l'annuaire.

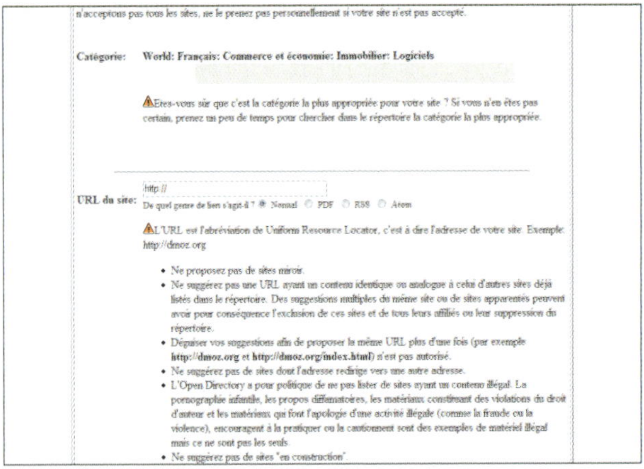

5 Cliquez sur le bouton **Soumettre** pour envoyer votre demande à l'éditeur responsable de la catégorie où vous souhaitez référencer votre blog.

S'informer avant de proposer un blog

Avant de soumettre l'adresse d'un blog aux éditeurs de l'*Open Directory*, prenez le temps de consulter la page suivante : www.aef-dmoz.org/add.html. Elle contient de nombreux conseils qui vous permettront de référencer avec succès votre blog dans l'annuaire Dmoz.

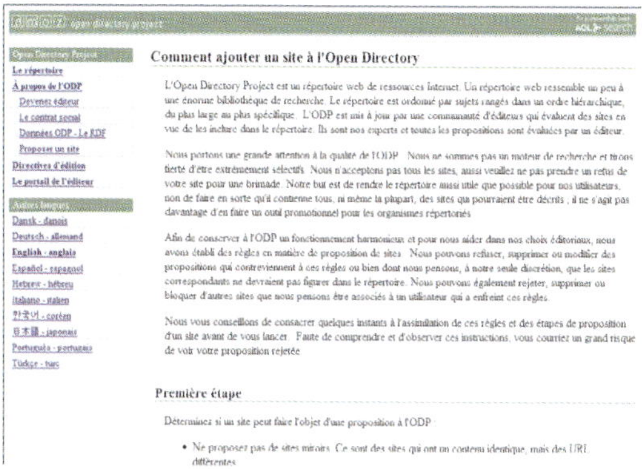

Autres techniques *de référencement*

Il existe de nombreux programmes conçus pour référencer automatiquement les sites web et autres blogs sur les services de recherche. Ils envoient, à votre place, les soumissions d'adresses aux annuaires et aux moteurs de recherche. Si cette technique s'avère très confortable et beaucoup plus rapide que celle que vous venez de voir, il faut savoir qu'il vaut mieux ne pas l'exploiter pour les annuaires (et moteurs de recherche) importants. Réservez, pour ces derniers, un référencement manuel.

Si toute cette démarche de référencement vous semble longue et fastidieuse, sachez qu'il existe également des services en ligne qui vous permettront d'alléger cette procédure. Concrètement, il suffira de remplir une seule fois un formulaire d'inscription pour le référencement de votre blog. Ce type de service prend effectivement en charge toutes les procédures d'inscription sur les différents services de recherche sur le Web.

Néanmoins, il faudra là encore ne pas oublier de référencer manuellement votre blog sur les moteurs de recherche et les annuaires les plus importants.

À l'inverse, vous pouvez adopter la technique du référencement automatique des services en ligne pour d'autres moteurs et annuaires moins prestigieux. De fait, certains services pourront soumettre vos informations dans plus de 600 moteurs de recherche automatiquement. Toutefois, la moyenne se situe plutôt autour d'une cinquantaine. Au-delà, le service sera souvent payant.

Les fonctions de ces outils en ligne peuvent aussi vous être proposées sous forme de programmes à installer sur votre machine. Le formulaire sera ainsi rempli chez vous et envoyé sur Internet comme si vous l'aviez rempli en ligne. Efficace, mais même remarque que précédemment : la technique ne doit s'appliquer qu'à des annuaires ou des moteurs de recherche mineurs.

Le référencement d'un site ou d'un blog n'est jamais acquis définitivement, surtout dans l'index de Google. Dès lors, il existe plusieurs techniques pour consolider son positionnement, voire pour contribuer à l'optimiser.

Le principe essentiel du travail qu'il vous reste à faire, après avoir été référencé dans les principaux annuaires et moteurs de recherche, consiste à devenir populaire. En d'autres termes, il doit exister sur le Web plusieurs autres sites ayant inséré un lien vers vos pages. Vous devez donc promouvoir votre blog. Comme vous allez le voir, il existe plusieurs méthodes pour le faire.

Signez *vos messages*

Pour promouvoir votre blog, il existe une technique simple qui ne vous demandera pas beaucoup d'efforts et ne vous coûtera pas un centime. Elle consiste à ajouter l'adresse de votre page d'accueil dans votre signature e-mail et dans tout autre message que vous envoyez sur Internet (forum sur le Web, groupes de discussion, etc.). Bien entendu, il ne faudra pas oublier d'indiquer le titre de votre site également.

Créez une signature

La netiquette prévoit une longueur maximale pour votre signature. Elle s'applique à tous les messages, ceux que vous envoyez en privé par courrier électronique, ou en public dans les listes de diffusion ou les groupes de discussion Usenet. En général, essayez de ne pas excéder la limite de quatre ou cinq lignes. Au-delà, et surtout dans les newsgroups, des internautes vous demanderont de raccourcir votre signature.

Cette méthode permet, lorsque vous envoyez un message, d'informer vos correspondants sur l'existence de vos pages. En général, le résultat est efficace et tous vos correspondants iront au moins une fois visiter votre blog.

De plus, en participant à des débats par courrier électronique ou dans des groupes de discussion, vos messages seront presque toujours archivés sur le Web. Cela signifie qu'ils seront également, un jour ou l'autre, indexés dans les bases de données des moteurs de recherche, avec tous les liens qu'ils contiennent, notamment celui qui mène à votre propre blog. Cela constitue, comme vous l'avez compris, un bon moyen de créer des liens vers votre espace de communication et d'augmenter la popularité de vos pages.

Si cette technique vous intéresse, voici la procédure à suivre pour intégrer dans tous vos messages l'adresse de votre site par le biais d'une signature. L'exemple présenté ici repose sur le logiciel de courrier électronique Windows Mail, mais la procédure s'avère sensiblement identique pour tous les autres programmes :

1. Démarrez Windows Mail et sélectionnez la commande **Options** du menu **Outils**.

2. Dans la boîte de dialogue qui s'affiche, sélectionnez l'onglet **Signatures**.

3. Cliquez sur le bouton **Nouveau** et cochez l'option *Ajouter les signatures à tous les messages sortants*. Si vous le souhaitez, vous pouvez désactiver l'option qui suit, c'est-à-dire *Ne pas ajouter de signatures aux réponses et transferts*.

4. Dans la section *Modifier la signature*, rédigez le texte de votre signature ou cliquez sur l'option *Fichier* pour, avec le bouton **Parcourir**, indiquer un fichier à intégrer directement en bas de votre message (un fichier texte ou une image, même si cela n'est pas conseillé car les fichiers graphiques alourdissent les messages). Validez la boîte de dialogue par OK.

Vous pouvez avoir plusieurs signatures. Il suffit de sélectionner celle que vous souhaitez utiliser au moment d'envoyer votre message sur la liste déroulante correspondante dans l'éditeur de messages.

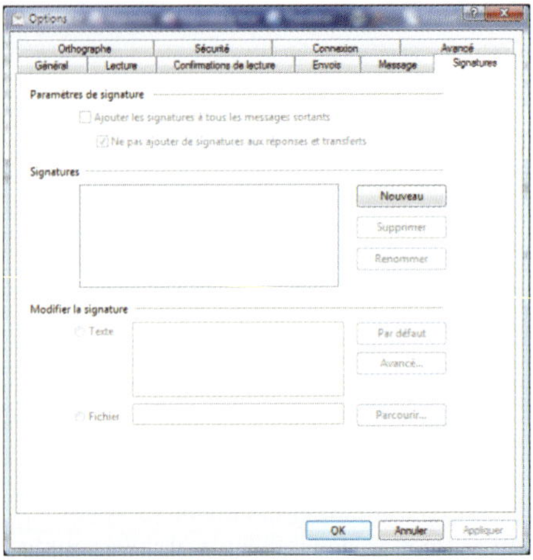

Cette technique n'est pas simplement efficace pour vos échanges privés par courrier électronique. De fait, si vous utilisez également Windows Mail pour participer aux groupes de discussion, rien ne vous empêche d'inclure également cette même signature dans toutes les contributions que vous envoyez sur les newsgroups.

Vous pouvez même identifier le ou les groupes de discussions qui correspondent au sujet traité sur votre blog. Dans ce cas, rien ne vous interdit de leur envoyer un message pour prévenir tous les participants de l'existence de votre espace de communication. Cela vous sera permis uniquement si vos billets traitent du même sujet dont le groupe discute. Évitez de poster régulièrement vos annonces pour, par exemple, prévenir la communauté de la mise à jour de vos liens ou de la création d'une rubrique supplémentaire sur votre blog. Cela sera rapidement interprété comme une promotion publicitaire, ce qui n'est pas autorisé dans les groupes de discussion de type Usenet.

Évitez les abus

On ne peut vous reprocher de faire la promotion de votre blog de façon simple, en ajoutant son adresse dans votre signature. Cela dit, et surtout dans les groupes de discussion, il convient de ne pas inonder les groupes de messages pour annoncer l'existence de votre blog. Notez, à ce propos, qu'il existe un forum entièrement dédié à la promotion des sites personnels sur Usenet : fr.comp.infosystemes.www.pages-perso. N'hésitez pas à l'utiliser pour annoncer la création de votre blog. La charte d'utilisation du groupe est consultable à l'adresse suivante : www.faqs.org/faqs/fr/chartes/comp.infosystemes.www.pages-perso.

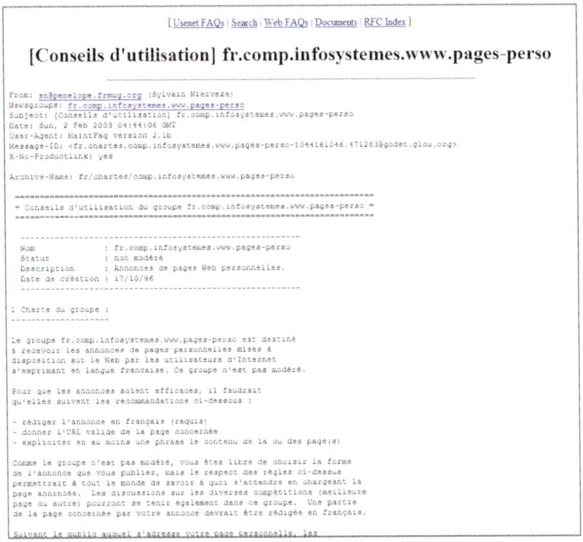

[Usenet FAQs | Search | Web FAQs | Documents | RFC Index]

[Conseils d'utilisation] fr.comp.infosystemes.www.pages-perso

```
From: sn@penelope.frmug.org (Sylvain Nierveze)
Newsgroups: fr.comp.infosystemes.www.pages-perso
Subject: [Conseils d'utilisation] fr.comp.infosystemes.www.pages-perso
Date: Sun, 2 Feb 2003 04:44:06 GMT
User-Agent: MaintFaq version 2.1b
Message-ID: <fr.chartes.comp.infosystemes.www.pages-perso-1044161046.471283@godet.glou.org>
X-No-Productlink: yes

Archive-Name: fr/chartes/comp.infosystemes.www.pages-perso

 ========================================================================
 = Conseils d'utilisation du groupe fr.comp.infosystemes.www.pages-perso =
 ========================================================================

  ----------------------------------------------------------------
  Nom              : fr.comp.infosystemes.www.pages-perso
  Statut           : non modéré
  Description      : Annonces de pages Web personnelles.
  Date de création : 17/10/96
  ----------------------------------------------------------------

1 Charte du groupe :
--------------------

Le groupe fr.comp.infosystemes.www.pages-perso est destiné
à recevoir les annonces de pages personnelles mises à
disposition sur le Web par les utilisateurs d'Internet
s'exprimant en langue francaise. Ce groupe n'est pas modéré.

Pour que les annonces soient efficaces, il faudrait
qu'elles suivent les recommandations ci-dessous :

- rédiger l'annonce en français (requis)
- donner l'URL valide de la page concernée
- expliciter en au moins une phrase le contenu de la ou des page(s)

Comme le groupe n'est pas modéré, vous êtes libre de choisir la forme
de l'annonce que vous publiez, mais le respect des règles ci-dessus
permettrait à tout le monde de savoir à quoi s'attendre en chargeant la
page annoncée.  Les discussions sur les diverses compétitions (meilleure
page ou autre) pourront se tenir également dans ce groupe.  Une partie
de la page concernée par votre annonce devrait être rédigée en français.

Suivant le public auquel s'adresse votre page personnelle, les
```

Pour en savoir plus sur les règles des newsgroups et éviter de faire des erreurs en tentant de promouvoir votre blog dans les groupes de discussions, consultez les différents articles du site de référence sur la question : *Du bon usage de Usenet* (http://usenet-fr.news.eu.org/fr-chartes).

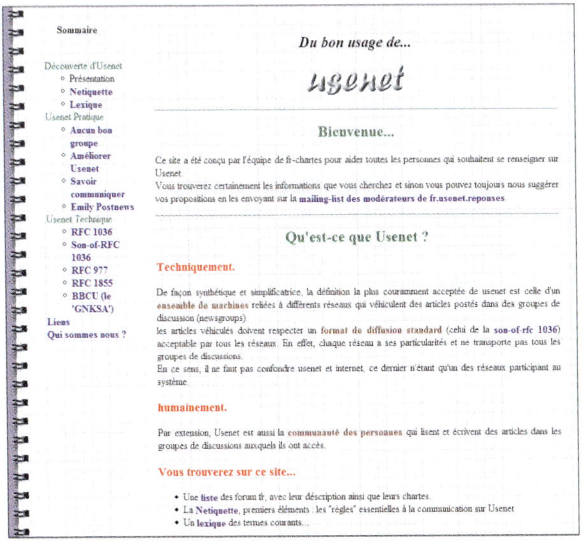

Sommaire

Découverte d'Usenet
- Présentation
- **Netiquette**
- **Lexique**

Usenet Pratique
- **Aucun bon groupe**
- **Améliorer Usenet**
- **Savoir communiquer**
- **Emily Postnews**

Usenet Technique
- **RFC 1036**
- **Son-of-RFC 1036**
- **RFC 977**
- **RFC 1855**
- **BBCU (le 'GNKSA')**

Liens
Qui sommes nous ?

Du bon usage de...

usenet

Bienvenue...

Ce site a été conçu par l'équipe de fr-chartes pour aider toutes les personnes qui souhaitent se renseigner sur Usenet.
Vous trouverez certainement les informations que vous cherchez et sinon vous pouvez toujours nous suggérer vos propositions en les envoyant sur la **mailing-list des modérateurs de fr.usenet.reponses**.

Qu'est-ce que Usenet ?

Techniquement.

De façon synthétique et simplificatrice, la définition la plus couramment acceptée de usenet est celle d'un **ensemble de machines** reliées à différents réseaux qui véhiculent des articles postés dans des groupes de discussion (newsgroups).
les articles véhiculés doivent respecter un **format de diffusion standard** (celui de la **son-of-rfc 1036**) acceptable par tous les réseaux. En effet, chaque réseau a ses particularités et ne transporte pas tous les groupes de discussions.
En ce sens, il ne faut pas confondre usenet et internet, ce dernier n'étant qu'un des réseaux participant au système.

humainement.

Par extension, Usenet est aussi la **communauté des personnes** qui lisent et écrivent des articles dans les groupes de discussions auxquels ils ont accès.

Vous trouverez sur ce site...

- Une **liste** des forum fr, avec leur description ainsi que leurs chartes.
- La **Netiquette**, premiers éléments : les "règles" essentielles à la communication sur Usenet
- Un **lexique** des termes courants...

Diffusez votre adresse

Pour booster la fréquentation sur vos pages et faire votre promotion sur d'autres sites, vous pouvez adopter d'autres techniques différentes de celles que vous venez de voir avec les anneaux de sites.

Cette fois-ci, le principe ne repose plus sur une inscription, mais sur un échange, celui de l'adresse de votre page d'accueil avec celles de plusieurs autres sites. De fait, la plupart des sites proposent une section, intitulée généralement *Liens*, qui permet de récupérer instantanément une partie de leur trafic. Et surtout, vous augmentez la popularité de votre site dans l'index de Google car plus vous multipliez ce type de liens, plus le niveau de votre PageRang (l'indice de popularité dans Google) s'améliore.

Une page de liens soigneusement sélectionnés et classés représente souvent, pour un internaute, une véritable plate-forme de départ pour explorer une quantité d'autres sites traitant d'un même thème. Dès lors, cela constitue également une bonne méthode pour vous faire connaître. Pensez à créer, sur votre site, une telle page pour insérer les liens des sites qui voudront bien faire l'échange en inscrivant votre adresse dans leur propre section de liens.

Si cette technique d'échange d'adresses vous intéresse pour augmenter votre popularité, vous devez vous armer de patience car les webmestres sont souvent très occupés, surtout si leur site remporte beaucoup de succès. Dès lors, prenez soin de bien formuler votre proposition d'échange de liens. Soyez clair et précis, pensez à donner tous les détails nécessaires pour bien comprendre votre projet. Bien entendu, n'oubliez pas d'indiquer l'adresse de votre site pour que votre interlocuteur puisse juger de la qualité des informations que vous proposez.

Une autre alternative, du même esprit, consiste à aller faire un petit tour sur des sites proposant des échanges de bandeaux. Tapez, par exemple, les termes `échange bandeaux` dans le formulaire de recherche de Google pour trouver immédiatement une multitude de services spécialisés dans ce domaine. N'hésitez pas à comparer leurs services qui, le plus souvent, sont gratuits.

Concrètement, tous les services que vous allez trouver de cette façon permettent d'échanger des bandeaux publicitaires. Ainsi, votre annonce apparaîtra sur certains sites tandis que vos pages afficheront les bandeaux des autres sites. Mais si ce système a des avantages, il présente aussi ses inconvénients.

Tout d'abord, il s'avère nécessaire d'insérer, dans vos pages, des bandeaux publicitaires qui ne sont parfois pas les bienvenus car ils ne s'intègrent pas à la charte graphique de votre blog. Même si certains trouvent que cela donne souvent une petite touche professionnelle aux sites amateurs, le résultat n'est jamais garanti...

Autre défaut : le contenu. Impossible de le maîtriser. Vous vous retrouverez ainsi, malgré vous, à faire la publicité de sites qui n'en valent pas toujours la peine ou dont le mauvais goût constitue un véritable problème par rapport au contenu de votre propre blog. Ne l'oubliez pas.

Chapitre 6

Adoptez des outils complémentaires

Pour améliorer le contenu de votre blog, il existe une multitude de services gratuits que vous pouvez adopter. Il suffit, en général, d'intégrer quelques lignes de code dans vos pages, ou d'ajouter un lien qui permettra à vos lecteurs d'utiliser vos nouveaux services.

Discutez en temps réel sur votre blog

Et pourquoi ne pas discuter en direct avec les lecteurs de votre blog ? C'est possible, avec une shootbox, appelée aussi shoutbox, c'est-à-dire un espace constituant un lieu de discussion en temps réel. Sa particularité ? Il peut s'intégrer en toute simplicité dans les blogs.

Choisissez une shoutbox

1 Connectez-vous sur le site du service qui vous offre gratuitement une shoutbox à l'adresse suivante : www.shootbox.fr/fr.

2 Consultez, si vous le souhaitez, l'annuaire du service. Il regroupe, de façon thématique, toutes les shoutbox créées avec les outils du site. Vous pourrez ainsi les tester avant de créer la vôtre.

3 Sélectionnez le bouton **Démo** situé en haut de page.

Publicité obligatoire

La plupart des services qui proposent une shootbox gratuitement le font avec une contrepartie publicitaire. En d'autres termes, des messages de publicité pourront être postés automatiquement sur votre shootbox par le service.

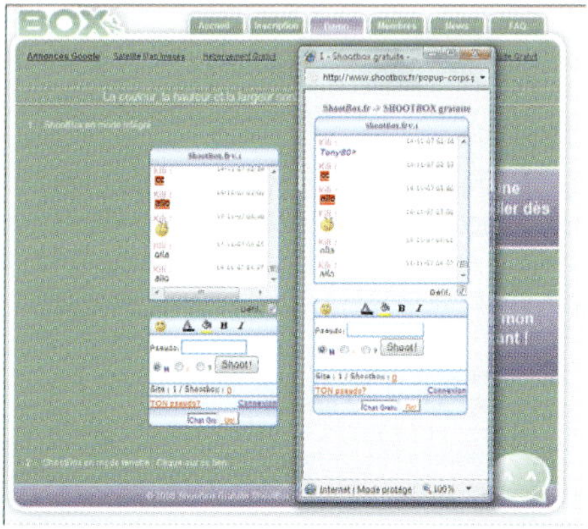

4 Vous disposez de deux types de shoutbox. La première s'intègre directement à une page existante de votre site. Vous pourrez ainsi la placer sans difficulté dans une colonne, par exemple, de votre blog. Inutile, dans ce cas, d'ouvrir une nouvelle fenêtre pour l'utiliser et participer aux discussions.

5 Le second type de shoutbox apparaît dans une fenêtre à part. On parlera alors de fenêtre pop up. L'utilisateur pourra, dans ces conditions, la disposer n'importe où sur son Bureau. Il pourra également quitter votre blog tout en continuant de discuter sur votre shootbox.

Créez un compte

L'inscription au service prend quelques secondes. Choisissez toutefois le nom de votre shootbox avec soin. Il doit, dans la mesure du possible, refléter le contenu de votre blog.

1 Connectez-vous sur la page d'accueil du site de la shootbox et cliquez sur le bouton **Inscription** disponible dans la partie supérieure de la page. Un formulaire s'affichera instantanément. Autre technique : reportez-vous

à la dernière section de la page d'accueil et prenez le temps de lire la présentation du service. Vous pouvez effectivement vous inscrire comme simple posteur (participant aux discussions) ou comme créateur de shootbox.

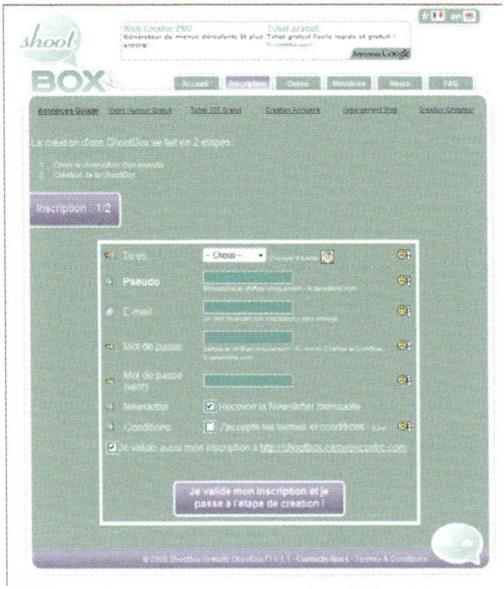

2 Dans notre cas, pour mettre en place un espace de discussion sur notre site, il convient de cliquer sur le bouton proposé dans la colonne dédiée aux créateurs de shootbox.

Configuration requise

Pour fonctionner correctement, la shootbox doit être affichée à partir d'une version récente d'Internet Explorer ou de Firefox. Elle ne fonctionnera également qu'avec les systèmes Windows XP SP2 et Windows Vista.

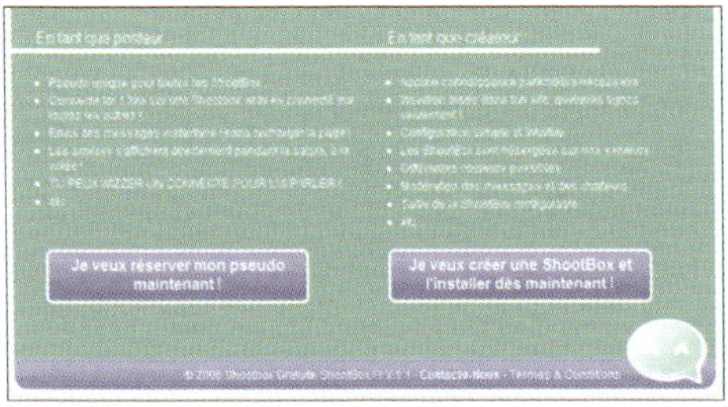

3 Le formulaire d'inscription s'affiche. Il ne reste plus qu'à le remplir. Cela prend très peu de temps.

4 Indiquez les différents renseignements demandés. Fournissez une adresse email valide ; il est nécessaire de confirmer votre inscription par courrier électronique pour l'ouverture de votre compte.

5 Cliquez sur le bouton en bas de page pour valider votre inscription. Un email vous a été envoyé.

Activez votre compte

Avant de passer à la création de votre shootbox, vous devez activer votre compte. Une procédure simple mais indispensable pour des raisons de sécurité.

1 Si l'étape précédente s'est correctement déroulée, vous avez reçu un email contenant un lien pour activer votre compte. En cliquant dessus, une nouvelle page du site s'affiche dans votre navigateur.

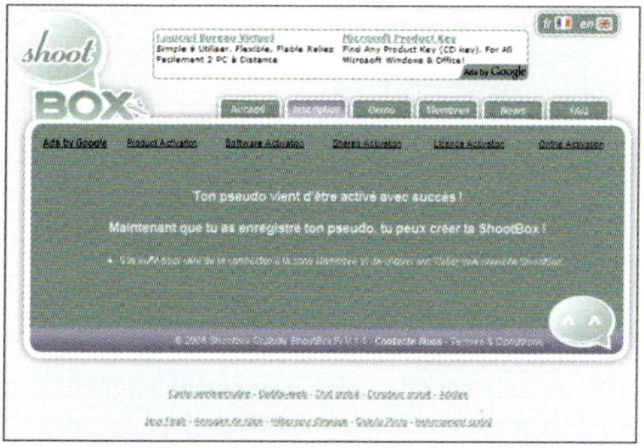

2 Un message vous informe que votre compte a été activé. Vous pouvez maintenant créer votre shootbox.

3 Cliquez, en haut de page, sur le bouton **Membres**.

Je n'ai pas reçu d'email

Si vous utilisez une adresse de type yahoo.fr, par exemple, vérifiez que le mail de confirmation ne se trouve pas dans le dossier du spam. Vérifiez également que vous avez bien saisi votre adresse.

4 Une nouvelle page apparaît. Elle contient un formulaire d'authentification qui vous permet d'accéder à votre compte personnel.

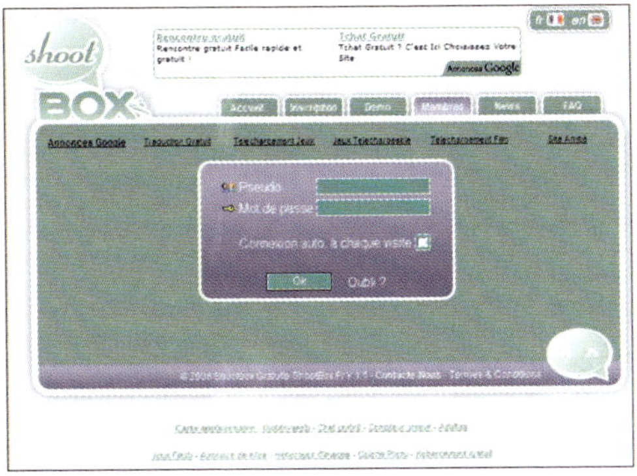

5 Inscrivez l'identifiant et le mot de passe que vous avez choisis lors de l'étape précédente. Cochez l'option *Connexion auto à chaque visite* pour ne plus à avoir à vous identifier lors de vos prochaines connexions sur votre compte.

6 Validez par OK vos informations pour vous connecter sur l'interface de création de la shootbox.

Mettez à jour vos informations

Vous disposez de tous les outils nécessaires pour mettre à jour les informations de votre compte. Vous pouvez ainsi effectuer vos corrections en toute simplicité à travers un formulaire convivial. Pour cela :

1 Après votre identification sur le site de la shootbox, la page d'accueil de votre compte s'affiche. Elle est composée de deux sections.

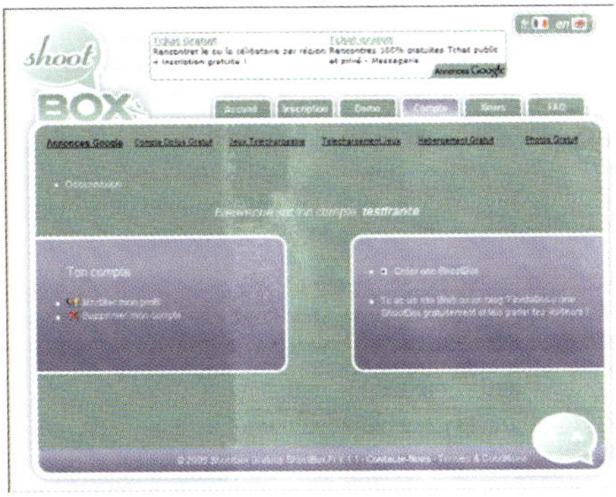

2 La section de gauche propose deux liens. Le premier permet de modifier les informations de votre profil. C'est celui que nous allons utiliser pour mettre à jour vos informations. Le second permet de supprimer votre compte.

3 La seconde section contient un lien qui vous mènera à l'interface de création de la shoutbox, comme nous le verrons un peu plus loin.

Mon compte a disparu

Si vous n'avez pas utilisé votre compte depuis plus de sept jours, sachez que le service l'a probablement effacé. Il ne vous reste plus qu'à en créer un autre, comme vous l'aviez fait la première fois.

4 En cliquant sur le lien de modification de votre profil, vous affichez un formulaire que vous avez déjà vu lors de la procédure de création de votre compte.

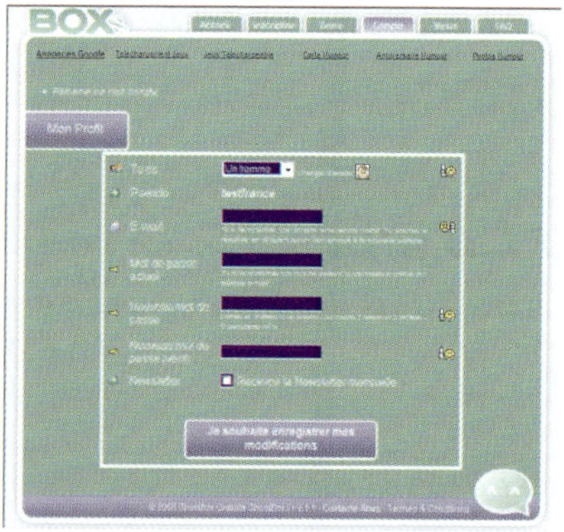

5 Mettez à jour ou corrigez les informations qui vous intéressent. Vous pouvez également vous inscrire à la lettre d'information du site, si ce n'est pas déjà fait.

6 Cliquez, au terme de votre saisie, sur le bouton en fin de page **Je souhaite enregistrer mes modifications**. Toutes vos informations sont désormais à jour.

Créez *votre shoutbox*

La création de la shoutbox s'effectue à travers un formulaire. Celui-ci génère automatiquement un code que vous devrez ensuite insérer sur votre page web.

1 Cliquez, à partir de la page d'accueil de votre compte présentée précédemment, sur le lien de création de la shoutbox. Vous obtiendrez un nouveau formulaire.

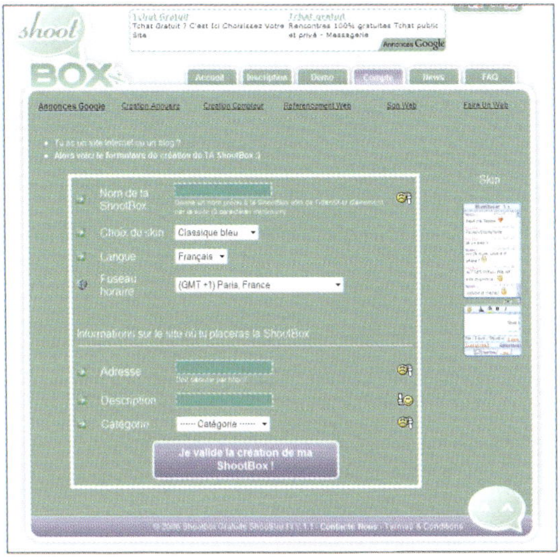

2 Indiquez, dans la première partie du formulaire, le nom de votre shootbox et sélectionnez son apparence dans la liste *Choix du skin*. Spécifiez également votre langue et le fuseau horaire utilisé.

3 Inscrivez l'adresse de votre site et une brève description. Spécifiez également une catégorie correspondant au contenu de vos pages. Cliquez sur le bouton en fin de page pour démarrer la procédure de création de la shoutbox.

> **J'ai oublié mon mot de passe**
>
> Pas de panique. Si vous ne retrouvez plus votre mot de passe pour vous connecter sur votre compte, vous pouvez en créer un autre par email. Il suffit de se connecter ici : www.shootbox.fr/fr/oubli-mdp.php.

4 La page d'accueil de votre compte s'affiche une nouvelle fois. Elle contient, cette fois-ci, des commandes et des informations supplémentaires.

5 Vous disposez ici d'une liste déroulante pour afficher toutes les shoutbox que vous avez créées. Vous avez accès également à un lien pour modifier les options de votre shootbox, modérer ses messages ou la supprimer. Vous disposez d'un autre lien pour récupérer le code HTML à intégrer dans votre blog.

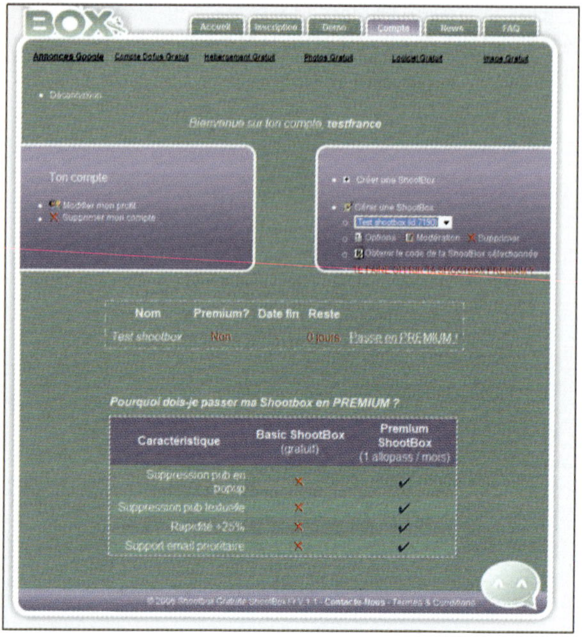

6 Les autres informations de la page vous permettront d'en savoir plus sur la version Premium de la shootbox. Cette version payante offre plusieurs avantages telle l'absence de publicité.

Définissez l'apparence *de votre shoutbox*

Pour personnaliser le code que vous obtiendrez, vous pouvez définir précisément les dimensions de votre espace de discussion.

1 Cliquez, à partir de la page d'accueil de votre compte, sur le lien qui permet de récupérer le code de la shoutbox. Vous afficherez une nouvelle page composée de deux parties. La première vous permet de générer le code de la shoutbox intégrée.

2 Spécifiez, avec les options proposées, la taille de votre shootbox pour l'intégrer harmonieusement sur votre page.

3 Cliquez sur le bouton **Sélectionner le code**. Pressez les touches Ctrl+C pour copier les instructions dans le Presse-papiers de Windows.

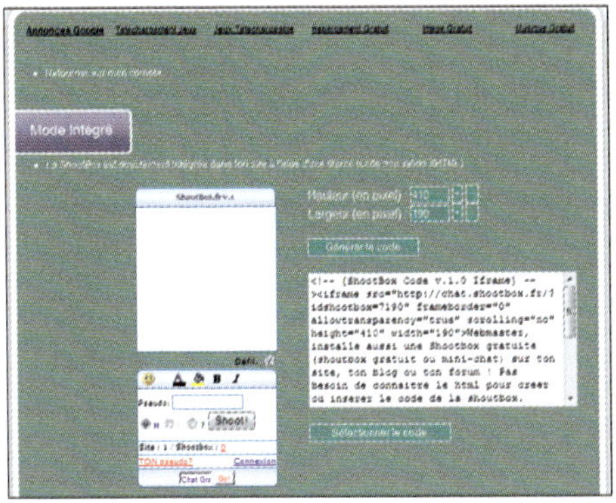

Dysfonctionnement en mode intégré

Si vous rencontrez des problèmes de fonctionnement en intégrant le code de la shoutbox dans une page web existante, inutile d'insister. Optez pour une intégration dans une page indépendante qui s'affichera sous la forme d'une petite fenêtre pop up.

4 La seconde section de la fenêtre est dédiée au mode Fenêtre de la shootbox.

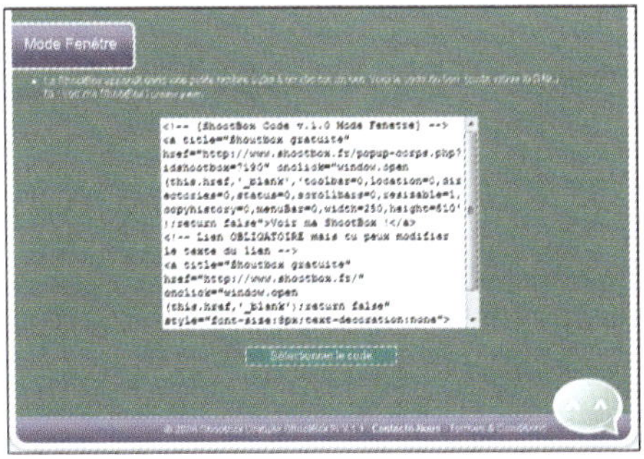

5 Le code de la shootbox en mode Pop up est directement disponible. Il n'est pas nécessaire de le personnaliser. Aucune commande n'a été prévue pour le faire.

6 Cliquez sur le bouton **Sélectionner le code**. Pressez les touches Ctrl+C pour copier les instructions dans le Presse-papiers de Windows.

Heureusement, il n'est pas nécessaire de modifier le code HTML obtenu avant de l'intégrer à votre page web. Il suffit de placer les instructions de la shoubox à l'endroit où vous souhaitez qu'elle s'affiche.

1 Pour illustrer la procédure d'intégration du code de la shootbox, nous avons ouvert une page web existante dans un éditeur HTML, en l'occurrence Dreamweaver. Cliquez sur le bouton **Code** pour afficher le code source de la page.

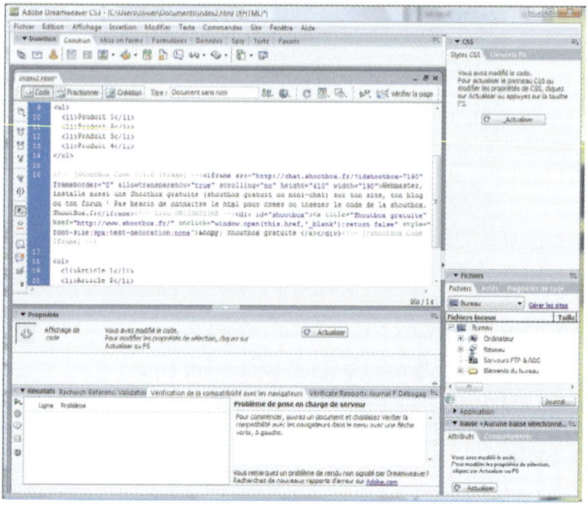

2 Cliquez, dans le code source, à l'emplacement où votre shoutbox doit s'afficher.

3 Pressez les touches Ctrl+V pour coller les instructions dans la page à partir du Presse-papiers de Windows.

Adoptez un éditeur

Inutile d'investir dans un éditeur HTML onéreux et complexe si vous n'en avez pas l'utilité. Un simple éditeur de texte, tel le Bloc-notes de Windows, fera l'affaire pour intégrer le code de votre shoutbox.

4 Pour insérer le code de la shootbox en mode Fenêtre, sélectionnez, dans Dreamweaver, la commande **Nouveau** du menu **Fichier**. Vous ouvrirez une nouvelle page web.

5 Cliquez sur le bouton **Code** pour afficher le code source de la page. Placez le curseur entre les balises `<body>` et `</body>`.

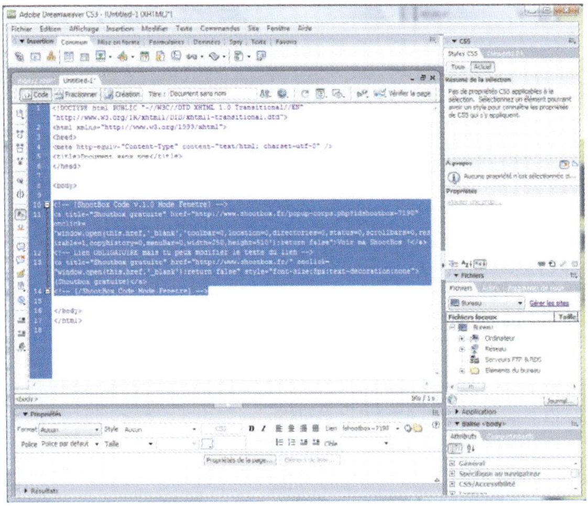

6 Pressez les touches Ctrl+V pour coller les instructions dans la page à partir du Presse-papiers de Windows.

Modérez *les discussions*

Une shoutbox peut vite devenir un vrai champ de bataille. Entre les disputes des membres et les messages publicitaires, vous devrez être vigilant pour garantir une bonne ambiance.

Procédez ainsi :

1 Cliquez, à partir de la page d'accueil de votre compte, sur le lien qui permet de modérer les messages postés sur votre shoutbox. L'interface d'administration du service apparaît sur une nouvelle page.

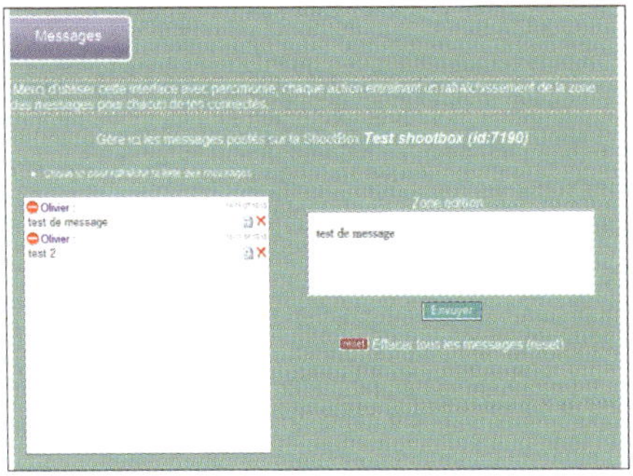

2 Si vous le souhaitez, inscrivez ici vos messages et postez-les sur votre shootbox en cliquant sur le bouton **Envoyer**.

3 Chaque ligne correspond à un message. Cliquez sur la première icône pour modifier son contenu.

4 L'icône représentant une croix rouge permet de supprimer le message correspondant.

5 Pour interdire l'accès à la shoutbox à un utilisateur, il faut bannir ce dernier. Cliquez sur le petit panneau sens interdit qui précède son pseudo.

6 Son adresse IP s'affiche sous la section *Bannissements*. Vous pouvez spécifier la durée du ban en nombre de jours ou enlever le ban concernant la personne en cliquant sur la croix rouge du tableau.

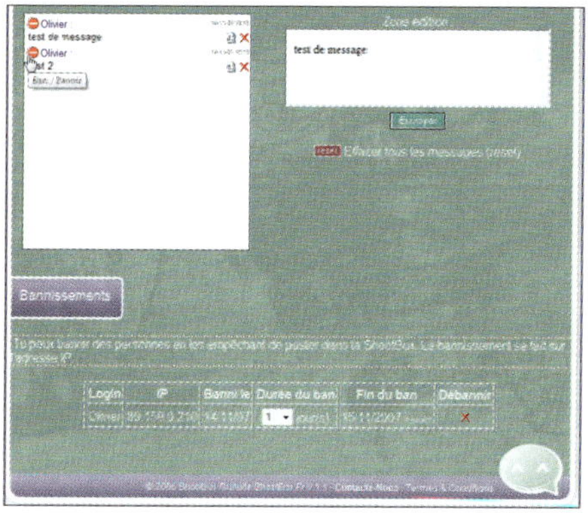

7 Vous pouvez aussi effacer d'un clic sur le bouton **Reset** tous les messages postés sur la shootbox. Attention, cette action est définitive. Il n'existe aucun moyen de récupérer les messages ensuite.

Pour conclure, sachez que si certains de vos amis utilisent votre blog et votre shoutbox, vous pourrez partager votre compte avec eux. De cette façon, ils pourront vous aider à modérer votre espace de discussion. Ne sous-estimez pas cette tâche. Elle est souvent très lourde et exige une excellente réactivité. Difficile de la remplir correctement lorsqu'on est seul.

Créez un sondage

Pour mettre un peu d'animation sur un blog, vous pouvez organiser des sondages. Les internautes adorent ça. De nombreux sites vous proposent gratuitement leurs services dans ce domaine. Profitez-en.

Mettez en place votre sondage

1 Pour créer un sondage à intégrer sur votre blog, connectez-vous sur le site 1001 Votes, accessible à l'adresse suivante : www.1001-votes.com/vote/sondage_gratuit.php?lg=fr. Un formulaire vous permet de définir le contenu de votre sondage.

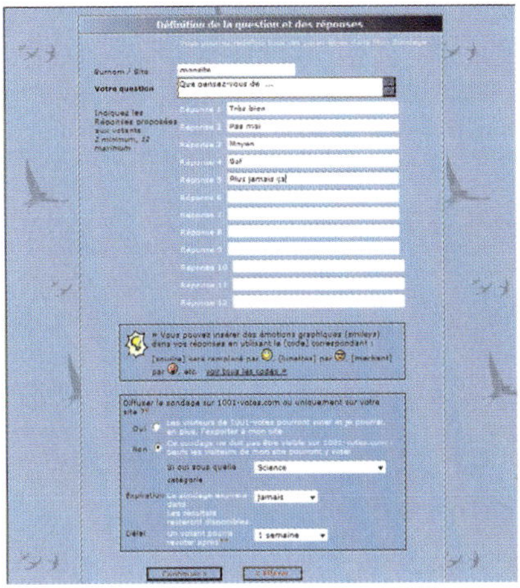

2 Inscrivez le nom de votre blog. Rédigez également, dans la seconde zone de texte, la question de votre sondage.

3 Ligne par ligne, inscrivez toutes les réponses que les visiteurs de votre site pourront choisir dans votre sondage.

Augmenter la participation

Votre blog ne génère pas encore assez de monde pour obtenir une participation intéressante pour vos sondages ? Autorisez les membres du service 1001 Votes à participer à votre sondage.

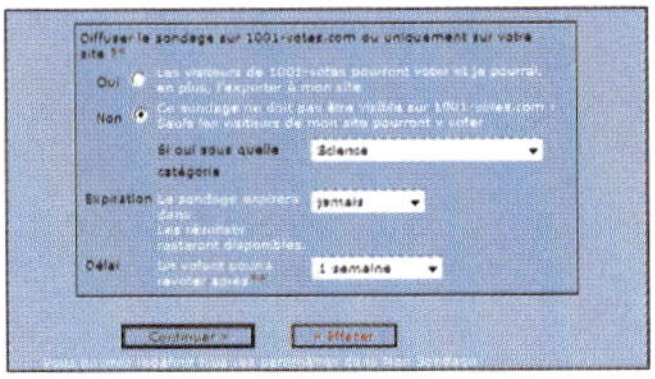

4 La seconde partie de la page propose plusieurs options. Vous pouvez ainsi définir la diffusion de votre sondage (sur votre blog uniquement ou également sur le site 1001 Votes).

5 Indiquez une durée de validité du sondage à partir de la liste déroulante *Expiration*. Vous pouvez, de plus, spécifier le délai nécessaire pour autoriser un utilisateur à voter une seconde fois.

6 Cliquez sur le bouton **Continuer** pour passer à l'étape suivante. Elle consistera à générer le code HTML de votre sondage.

Avant de récupérer le code qui permettra d'insérer le sondage sur votre page web, vous devez sécuriser cette procédure. La technique est simple. Elle consiste à vous choisir un mot de passe.

1 Après avoir validé le formulaire de l'étape précédente, une page s'affiche avec un petit récapitulatif. Celui-ci reprend la question de votre sondage et ses réponses. Il spécifie également les autres informations que vous avez indiquées tel le délai d'expiration du sondage.

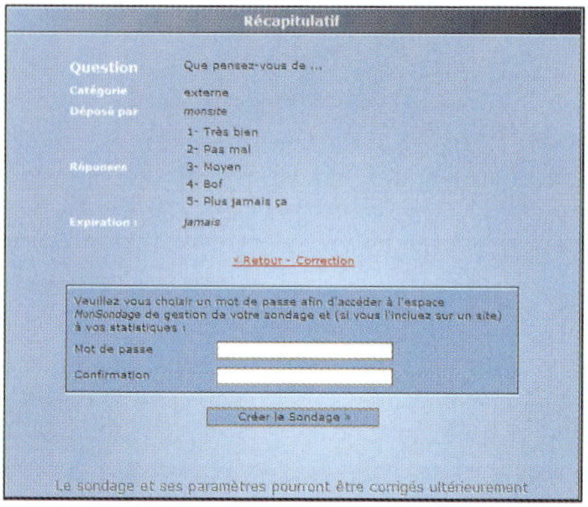

2 Pour générer le code HTML à intégrer dans la page de votre site, inscrivez un mot de passe dans la zone de texte prévue à cet effet. Confirmez-le dans la seconde zone de texte et cliquez sur le bouton **Créer le sondage**.

Adapter votre sondage

Vous obtenez un code généré avec plusieurs paramètres proposés par défaut. Un aperçu du sondage est disponible immédiatement sur la même page. Si le résultat ne vous convient pas, sachez que vous avez la possibilité de le modifier à partir de votre interface d'administration.

3 Notez bien le message qui s'affiche sur la nouvelle page. Il vous donne un numéro ID correspondant à votre sondage. Cet identifiant numérique, accompagné du mot de passe spécifié précédemment, vous permettra d'accéder à l'administration de votre sondage.

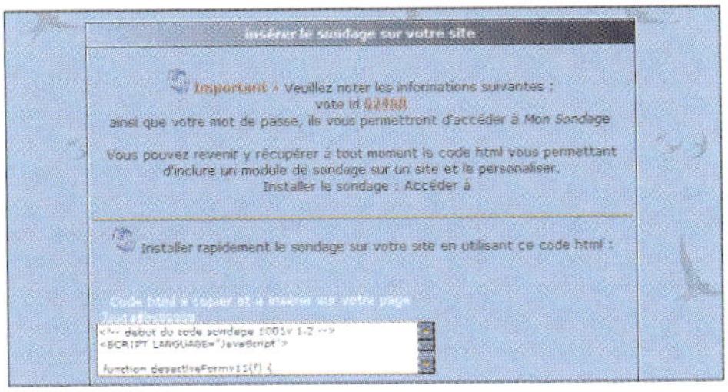

4 Le code HTML que vous venez de générer est disponible. Sélectionnez-le et pressez les touches Ctrl+C pour le copier dans le Presse-papiers de Windows. Le résultat de ce code s'affiche en bas de page, juste en dessous de la zone de texte qui contient les instructions HTML du sondage.

Administrez *le sondage*

Les outils d'administration du service sont nombreux. Rien n'a été oublié pour créer des sondages d'aspect professionnel. Vous disposez même d'outils statistiques pour en savoir plus sur vos visiteurs.

1 Pour administrer votre sondage, connectez-vous ici : www.1001-votes.com/vote/sondage_gratuit.php?lg=fr.

2 Cliquez sur le lien *Mon sondage* dans le menu de gauche. La page d'authentification, pour accéder aux commandes d'administration, apparaît à l'écran.

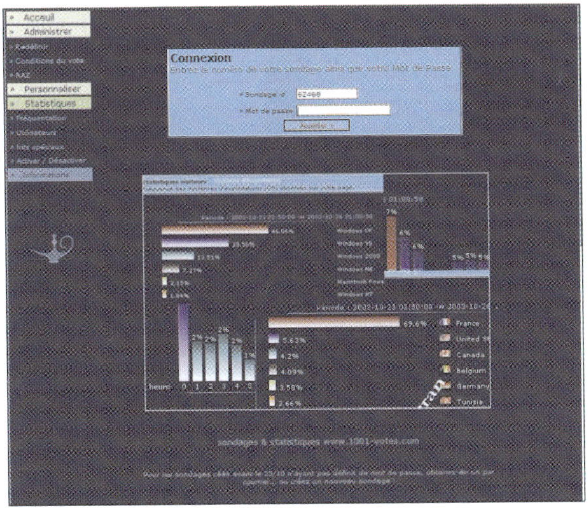

3 La colonne qui apparaît à gauche intègre tous les liens d'accès aux commandes d'administration du sondage. Pour les utiliser, vous devez vous authentifier.

4 Inscrivez, dans la première zone de texte, l'identifiant numérique de votre sondage. Inscrivez votre mot de passe et cliquez sur le bouton **Accéder**.

Des corrections de dernière minute

Il n'est pas rare que des utilisateurs se plaignent de l'absence d'une réponse dans un sondage. Dans ce cas, l'interface d'administration vous permet d'en ajouter à n'importe quel moment. Attention, vous ne pourrez jamais intégrer plus de douze réponses à une question.

5 La page d'accueil du module d'administration s'affiche. Pour modifier, supprimer ou ajouter une question ou des réponses à votre sondage, cliquez sur le lien *Redéfinir*. Celui-ci est disponible dans le menu de gauche, sous la section *Sondage*.

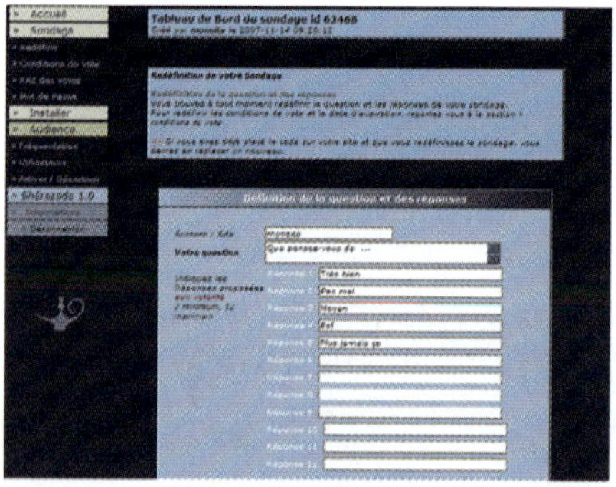

6 Vous retrouvez ici le formulaire qui vous a permis de créer votre sondage. Il ne vous reste plus qu'à corriger votre saisie ou à inscrire, dans une nouvelle zone de texte disponible, une autre réponse pour compléter le sondage.

Opérations de maintenance

Par sécurité, certaines opérations de maintenance exigent la saisie de votre mot de passe pour être exécutées. Ne l'oubliez pas.

7 Pour effacer tous les votes d'un sondage, cliquez sur le lien *RAZ des votes* disponible dans la colonne de gauche, sous la section *Sondage*.

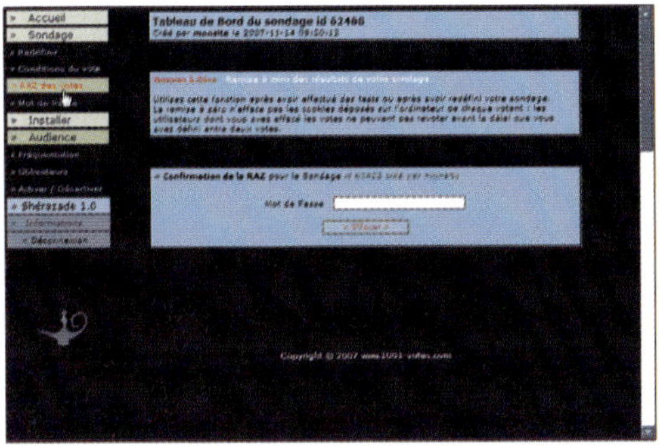

8 Inscrivez votre mot de passe dans la zone de texte prévue à cet effet.

9 Cliquez sur le bouton **Effacer** pour supprimer tous les votes de votre sondage.

> **Sécuriser vos sondages**
>
> Pensez à modifier régulièrement le mot de passe qui vous permet d'accéder à votre compte d'administration. Cette petite précaution peut vous éviter bien des soucis.

10 Pour modifier votre mot de passe, cliquez sur le lien *Mot de Passe* disponible dans la colonne de gauche, sous la section *Sondage*.

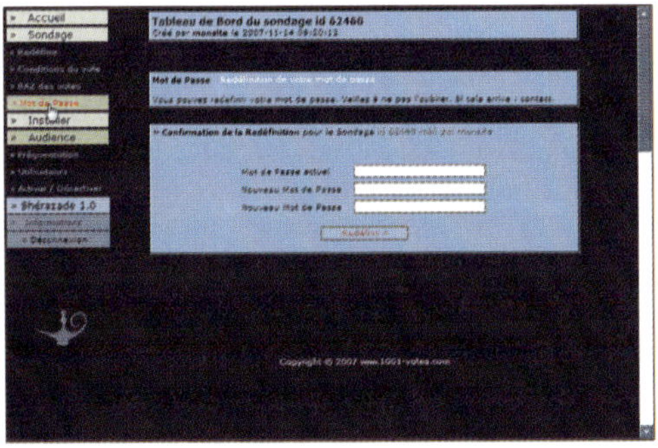

11 Inscrivez votre mot de passe actuel dans la première zone de texte. Indiquez le nouveau dans les deux zones de texte suivantes.

12 Cliquez sur le bouton **Redéfinir** pour sauvegarder votre nouveau mot de passe.

Personnalisez *le sondage*

Vous pouvez, à partir de votre interface d'administration, définir les conditions de fonctionnement de votre sondage. Par exemple, le délai entre deux votes pour une même personne.

1 Pour modifier le fonctionnement du sondage, cliquez sur le lien *Conditions du vote* disponible dans la colonne de gauche, sous la section *Sondage*.

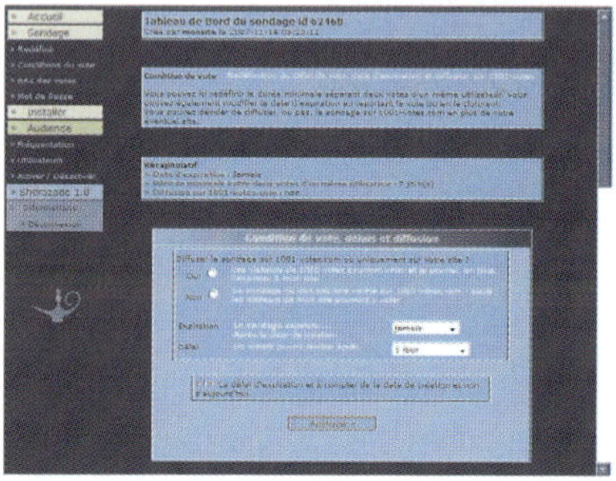

2 Vous pouvez modifier ici la diffusion de votre sondage (sur votre site uniquement, ou également sur le site 1001 Votes) ou le délai d'expiration, entre autres.

3 Cliquez sur le bouton **Appliquer** pour sauvegarder les nouveaux paramètres.

Couleurs, dimensions... tout est modifiable sur votre sondage. Alors, ne vous en privez pas. Cela permettra de l'intégrer de façon harmonieuse dans vos pages. Il suffit, comme vous allez le voir, de sélectionner les bonnes options à partir d'un simple formulaire.

1 Cliquez sur le lien *Installer* disponible dans la colonne de gauche.

2 Sélectionnez dans la nouvelle page qui s'affiche les options de votre choix pour modifier les couleurs de votre sondage.

3 Autorisez ou non la saisie de commentaires et redéfinissez, si nécessaire, les dimensions du sondage. Vous pouvez également afficher une bordure, mettre en gras les réponses, adoptez la langue anglaise pour l'interface, etc.

4 Cliquez sur le bouton **Appliquer** pour générer immédiatement le code du sondage.

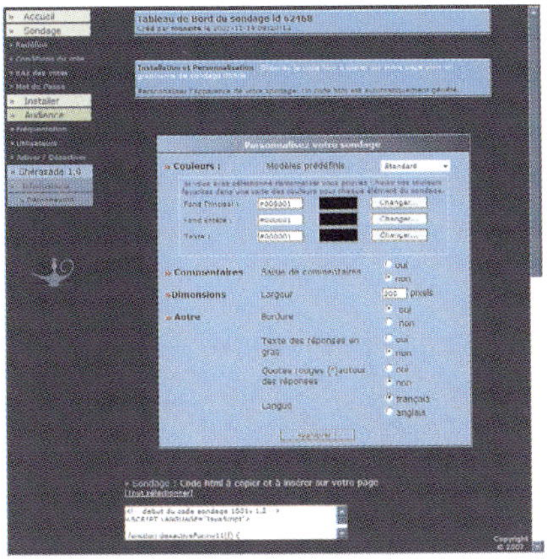

5 Recopiez le code dans le Presse-papiers de Windows.

Proposez un véritable forum

Certains sites proposent gratuitement leurs ressources pour créer votre forum. C'est le cas de Forumactif que vous pouvez adopter pour compléter les services de votre blog et développer votre communauté.

Créez un compte *Forumactif*

1 Connectez-vous sur la page de création de compte à l'adresse suivante : www.forumactif.com/fr/creer-un-forum.

2 Choisissez le thème que vous préférez pour votre forum. Utilisez le lien *Prévisualisation* pour afficher les thèmes dans de meilleures conditions.

3 Après avoir sélectionné un thème pour votre forum, cliquez sur le bouton **Continuer** qui se trouve en bas de page.

Bien démarrer

Si le service paraît simple, il est néanmoins très complet et peut devenir compliqué si vous l'utilisez au mieux de ses possibilités. Dès lors, faites un petit détour par la FAQ du service. Gain de temps garanti : http://forum.forumactif.com/questions-reponses-frequentes-f14/listing-des-questions-et-reponses-frequentes-t78679.htm.

4 La page qui s'affiche est constituée de deux sections. La première regroupe les informations de votre forum : son nom, sa catégorie, une description, son adresse, etc.

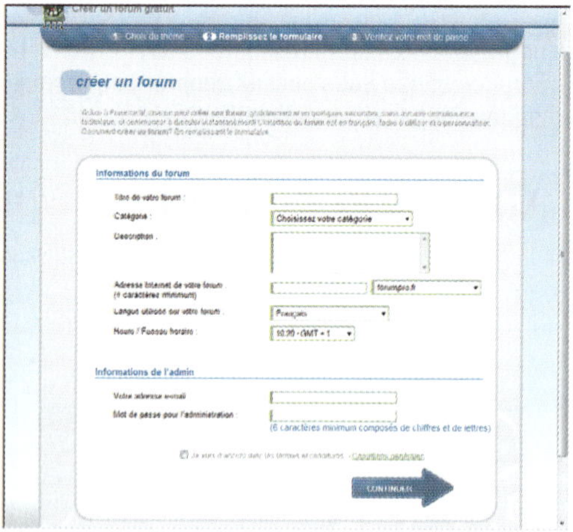

5 La seconde section regroupe les informations du responsable du forum, c'est-à-dire vous. Inscrivez votre adresse email et un mot de passe de votre choix.

6 Cliquez sur le bouton **Continuer** pour passer immédiatement à l'étape suivante qui consiste à administrer le forum que vous venez de créer.

N'oubliez pas que vous êtes responsable du contenu de votre forum. Dans ces conditions, vous avez intérêt à l'administrer correctement.

Cela permet, entre autres, d'éviter des dérapages de la part de certains membres.

1 Après avoir validé les informations relatives à la création du forum, celui-ci s'affiche immédiatement dans une nouvelle page.

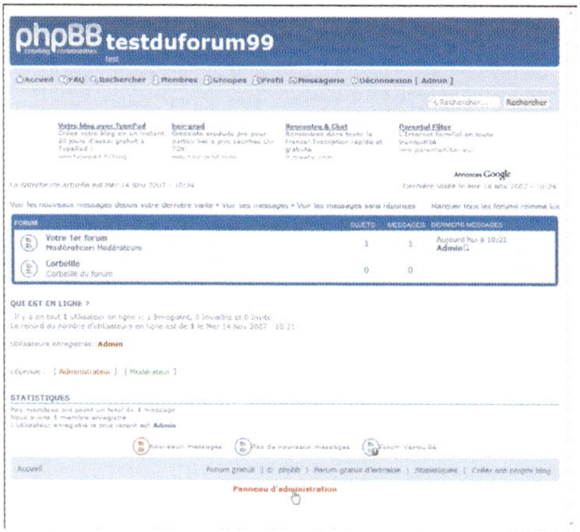

2 Pour le moment, votre forum contient deux salles de discussion. Voyons comment le personnaliser et en ajouter de nouvelles.

3 Cliquez, en bas de page, sur le lien *Panneau d'administration*.

Un démarrage rapide

Pour vous familiariser rapidement avec les commandes du service, choisissez l'interface simple de l'administration. Avec le temps, vous pourrez ensuite activer l'interface avancée et accéder ainsi aux options supplémentaires du service.

4 L'interface d'administration du forum s'affiche immédiatement. Elle propose de nombreuses commandes.

5 Activez, si ce n'est déjà fait, l'interface simplifiée du Panneau d'administration.

6 Quatre modules sont disponibles pour configurer les différentes fonctions disponibles avec votre forum. Dans notre cas, un seul module nous intéresse.

7 Cliquez sur l'icône *Forum* pour créer vos propres espaces de discussion dans le forum.

Par défaut, votre compte dispose déjà d'une catégorie et d'un forum. Il convient toutefois de leur donner un nom plus personnalisé ou d'en créer d'autres.

1 En cliquant, à partir de la page d'administration précédente, sur l'icône *Forum*, vous affichez le module de gestion de vos catégories et de vos forums.

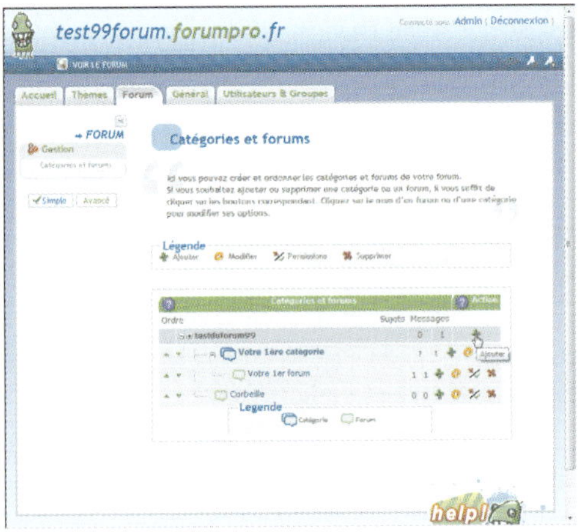

2 Pour bien comprendre les commandes dont vous disposez ici, reportez-vous, dans la page, à la section *Légende*. Chaque icône de l'interface dispose d'un titre explicite.

3 Tous les forums et catégories s'affichent dans ce tableau avec, pour chacun d'eux, les commandes de gestion disponibles.

4 Cliquez sur le premier bouton **Ajouter** du tableau.

Catégorie ou forum

Ne confondez pas une catégorie et un forum. La première désigne une rubrique, tandis que le second correspond à la salle de discussion proprement dite. En d'autres termes, vous pouvez classer de façon thématique tous vos forums selon différentes catégories que vous aurez créées.

5 Un nouveau formulaire s'affiche. Il va vous permettre de créer votre catégorie.

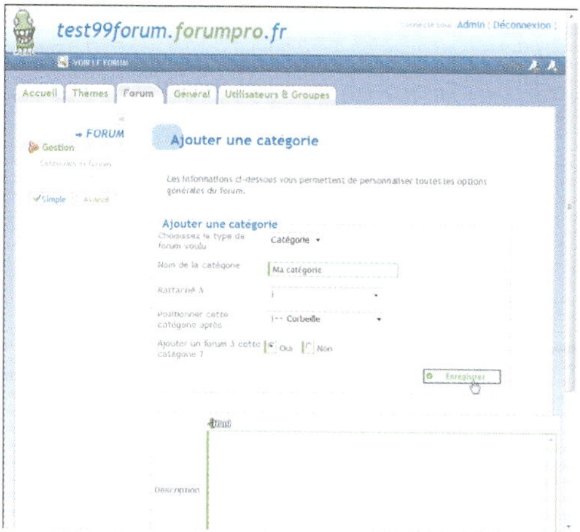

6 Sélectionnez l'option *Catégorie* dans la première liste déroulante puis inscrivez le titre de la catégorie. Cochez l'option *Oui* à la question *Ajouter un forum à cette catégorie* et cliquez sur le bouton **Enregistrer**. L'étape suivante consistera à créer le forum proposé dans cette catégorie.

De fait, vous venez de créer votre catégorie, ce qui est indispensable, mais sans forum, elle risque d'être un peu vide... Voyons la suite de la procédure pour obtenir votre propre espace de discussion sur le Web.

1 Après avoir créé votre catégorie, la page d'ajout de forum s'affiche.

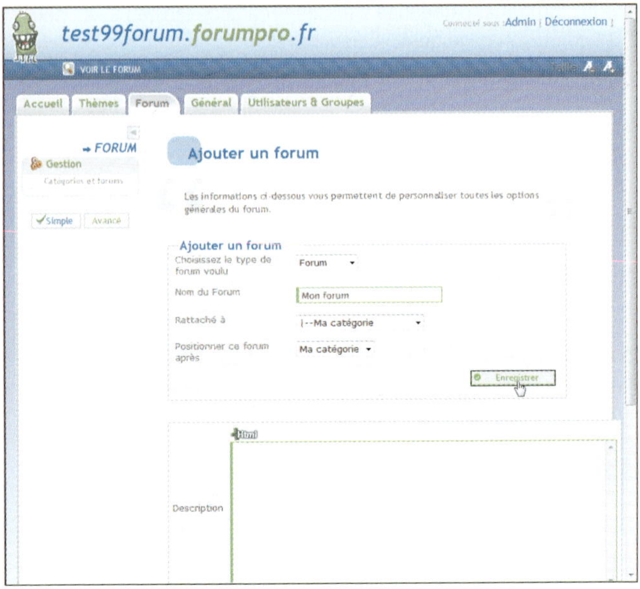

2 Inscrivez le nom de votre forum et conservez l'option proposée par défaut, correspondant au nom de la catégorie créée précédemment, dans la liste déroulante *Rattaché à*. En effet, votre forum sera stocké sous la nouvelle catégorie.

3 Cliquez sur le bouton **Enregistrer**. Le forum et la catégorie ont été créés.

Suppression de catégorie

Pour retirer définitivement une catégorie, cette dernière ne doit plus contenir de forum. Autrement, la suppression sera impossible. Vous devez retirer dans un premier temps les forums qu'elle contient avant d'activer la commande de suppression.

4 Nous retrouvons la page dédiée à la gestion des catégories et des forums.

5 La catégorie et le forum que vous venez de créer sont présents dans le tableau. Vous pouvez les administrer désormais avec les commandes conçues à cet effet sur la page.

Ajoutez de la publicité sur votre blog

Pourquoi ne pas gagner un peu d'argent avec votre blog ? Quelques petites publicités bien placées vous permettront de payer votre hébergement, et peut-être même plus...

Adoptez Google AdSense

L'insertion de publicité avec Google AdSense est à la portée de tous. La taille et l'importance de votre site ne constituent pas, à l'inverse d'autres régies publicitaires, un obstacle pour rentabiliser vos pages en publiant des annonces.

Procédez ainsi :

1 Connectez-vous sur la page d'accueil du service AdSense : https://www.google.com/adsense/login/fr/index.html.

2 Le fonctionnement du service est brièvement expliqué sur la page d'accueil. Prenez le temps de lire les explications proposées par Google.

3 Indiquez l'identifiant de votre compte Google si vous en avez déjà créé un sur un autre service (GMail pour le courrier électronique, par exemple). Sinon, cliquez sur le bouton **Inscrivez-vous dès maintenant**.

Une pub bien ciblée

Les publicités insérées sur votre site par Google ont la particularité d'être très bien ciblées. Elles analysent le contenu de votre page et affichent automatiquement des annonces qui traitent d'un même sujet. Pour cette raison, elles sont très efficaces.

4 Remplissez le formulaire qui s'affiche avec les informations demandées. Prenez soin de répondre correctement à toutes les questions du service. Si vous indiquez des informations erronées, vous aurez des difficultés à recevoir vos gains.

5 Certaines informations demandées sont spécifiques au service AdSense. Vous devrez les indiquer même si vous utilisez un compte que vous aviez déjà configuré sur un autre service de Google.

Un service en constante évolution

Google AdSense introduit régulièrement dans son service de nouvelles fonctionnalités. Consultez la documentation à votre disposition.

Pour consulter l'aide du service, connectez-vous à l'adresse suivante : https://www.google.com/adsense/support. Vous pouvez également cliquer sur le lien *Informations* à partir de votre compte personnel.

1 Le contenu de l'aide du service est classé sous différentes rubriques thématiques.

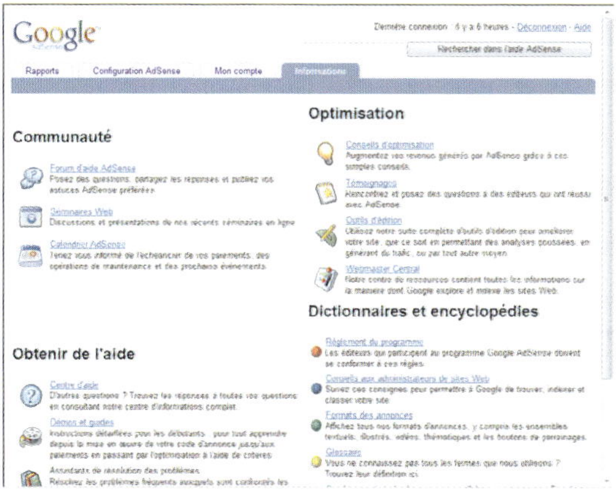

2 Vous avez la possibilité, si vous le souhaitez, d'effectuer directement une recherche avec les mots-clés de votre choix. Il suffit de les inscrire dans la zone de texte conçue à cet effet en haut de page, à droite.

3 Pour bénéficier d'une information sur les dernières fonctionnalités du service, connectez-vous sur le site du blog d'AdSense à l'adresse suivante : http://adsense-fr.blogspot.com.

4 Les billets du blog apparaissent dans la partie centrale de la page. Vous pouvez également vous inscrire à la lettre d'information du service.

5 Pour être prévenu en temps réel dès qu'une nouvelle information est postée sur le blog, inscrivez-vous au fil d'actualités disponible dans la colonne de droite.

Une communauté très active

De nombreux forums ont été créés par les utilisateurs du service AdSense. Pensez à les consulter lorsque vous avez besoin d'aide. Citons, par exemple, le forum d'aide de Google Groupe disponible ici : http://groups.google.com/group/adsense-help-fr.

Configurez AdSense

Pour intégrer de la publicité AdSense sur votre blog, vous devez définir les paramètres d'affichage des annonces. Vous obtiendrez ainsi un code à copier directement dans vos pages, à l'endroit où vous souhaitez afficher la publicité.

1 Connectez-vous sur votre compte et cliquez sur le lien *Configuration AdSense*.

2 La page qui s'affiche propose les différents types de publicité que vous pouvez intégrer sur votre blog. Les deux premiers permettent d'afficher des annonces classiques sur vos pages.

3 Vous pouvez également ajouter des liens partenaires sur vos pages. Nous présenterons en détails cette solution ultérieurement dans ce chapitre.

4 Il est possible de diffuser les publicités AdSense sur un site consultable à partir d'un téléphone mobile.

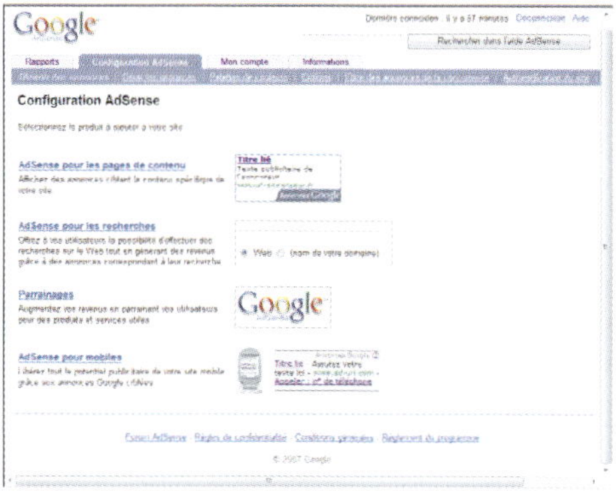

Attention à la concurrence

En intégrant des publicités AdSense sur un blog commercial, vous afficherez nécessairement un jour ou l'autre les annonces de vos concurrents. Consultez régulièrement vos pages. Lorsque vous voyez une annonce qui ne vous convient pas, indiquez son adresse dans les filtres de Google AdSense. Elle sera ainsi bloquée.

5 Si vous décidez de diffuser de la publicité AdSense sur vos pages, vous pouvez mettre en place un système de filtre. Ainsi, vous afficherez uniquement les annonces que vous autorisez. Cliquez sur le lien *Filtre des annonces de la concurrence*.

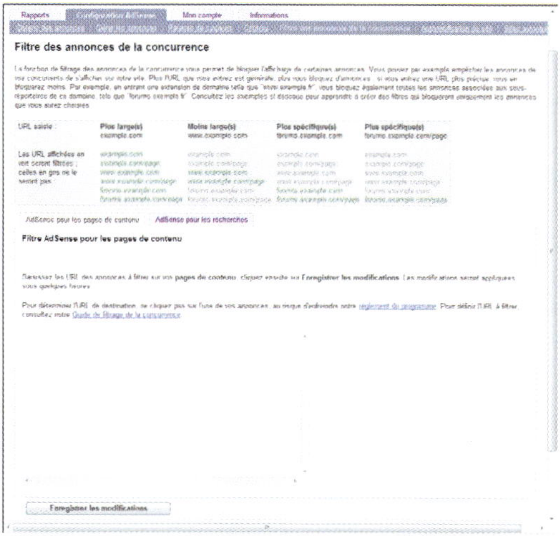

6 Inscrivez, dans la zone de texte conçue à cet effet, les adresses des sites dont vous ne souhaitez pas diffuser la publicité. Saisissez une adresse par ligne uniquement.

Choisissez le format des annonces

La configuration des annonces Google AdSense consiste à définir leur taille, leurs couleurs, leur contenu (liens textuels ou images), etc. Prenez en considération la charte graphique de votre blog pour une intégration harmonieuse.

1 Connectez-vous sur votre compte et affichez la page dédiée à la configuration des annonces pour les pages de contenu. Sélectionnez, dans un premier temps, le type d'annonce (avec ou sans image).

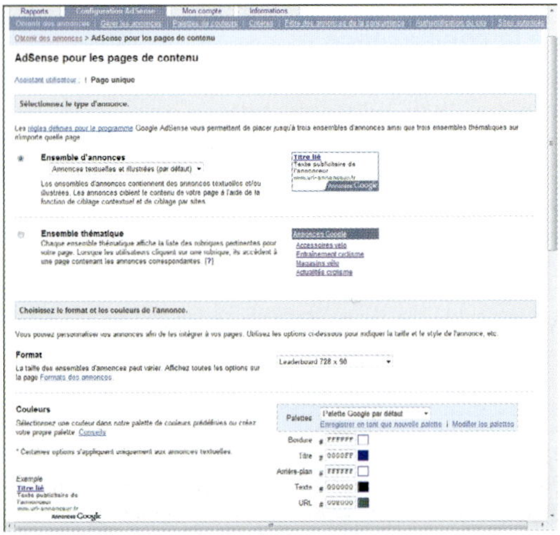

2 Choisissez son format et sa taille à partir de la liste déroulante *Format*.

3 Définissez la couleur de vos annonces en utilisant les palettes de couleurs que l'on vous propose. La configuration d'une annonce n'est jamais définitive. Vous pouvez tester différentes configurations dans vos pages. Pour changer, remplacez l'ancien code par celui que vous aurez obtenu avec vos nouveaux paramètres.

4 La seconde partie de la page dédiée à la configuration des annonces permet de définir le style des angles de vos annonces. Vous pouvez, par exemple, adopter des angles arrondis si vous trouvez que cela s'intègre mieux à vos mises en page.

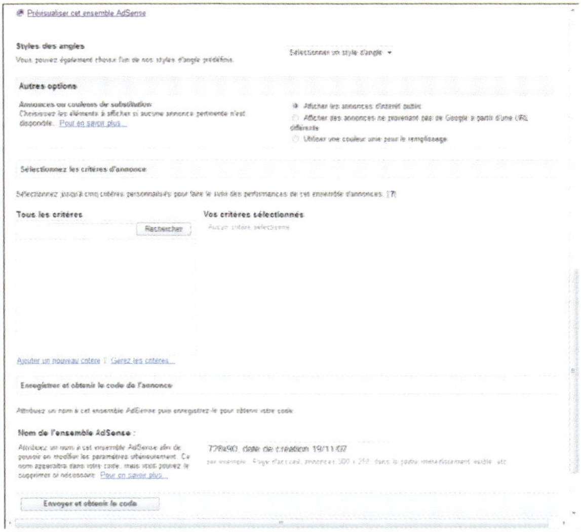

5 Indiquez quel type d'annonce afficher si aucune ne correspond au contenu de vos pages.

6 Vous pouvez personnaliser vos annonces pour mieux les identifier dans les rapports et mieux connaître leur performance.

7 Cliquez sur le bouton **Envoyer et obtenir le code** pour générer le code à copier dans vos pages.

Installez *des liens partenaires*

Les liens partenaires représentent un système de rémunération différent. Ils sont conçus pour s'inscrire à des services ou installer des logiciels. Il ne suffit pas, à la différence des annonces classiques, de cliquer dessus pour être rémunéré.

Procédez ainsi :

1 Connectez-vous sur votre compte et affichez la page dédiée à la configuration des annonces pour les liens des partenaires.

2 Sélectionnez les propositions de partenariat qui vous intéressent. Optez, de préférence, pour des partenaires qui traitent d'un sujet analogue à celui de votre blog.

3 Choisissez la taille des annonces à partir de la liste déroulante *Format des annonces* et passez à l'étape suivante.

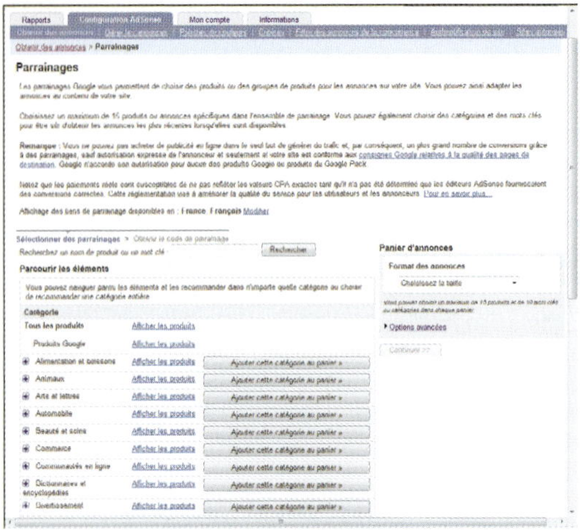

Un système plus souple

Il est interdit d'inciter les internautes à cliquer sur vos publicités. Toutefois, lorsque vous proposez des liens partenaires, vous pouvez conseiller aux utilisateurs de s'inscrire sur les services proposés ou d'installer les logiciels que vous proposez via ce type de liens partenaires.

4 Vous pouvez, si nécessaire, modifier la langue des annonces. Par défaut, elles s'affichent en français.

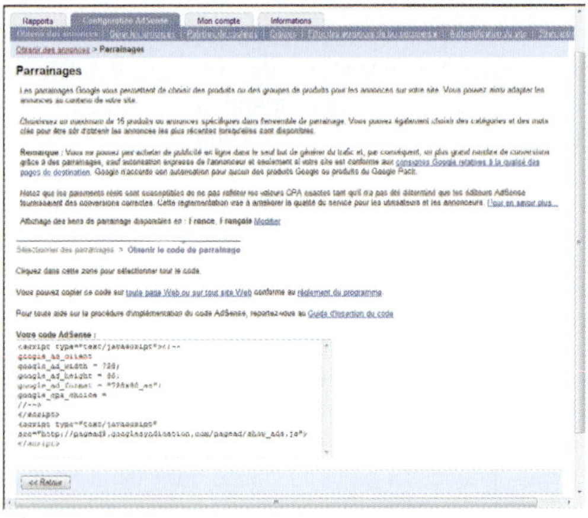

5 Le code à recopier dans le code source de vos pages se trouve dans la dernière section de la page *Parrainages*. Sélectionnez-le et copiez-le dans le Presse-papiers de Windows.

Proposez des recherches *à partir de votre blog*

Avec le service AdSense, vous pouvez proposer une fonctionnalité de recherche sur vos pages. Très utile pour les internautes, elle vous permettra également d'augmenter vos revenus.

1 Connectez-vous sur votre compte et affichez la page dédiée à la configuration des annonces pour les recherches rémunérées avec Google. Dès qu'un utilisateur cliquera sur un lien commercial, votre gain augmentera.

2 Configurez l'apparence du champ de recherche : couleur, dimension, etc. Vous pouvez en outre intégrer une option qui permettra, en plus des recherches sur le Web, de limiter la recherche sur les pages de votre blog.

3 La seconde partie de la configuration de la fonctionnalité de recherche permet de personnaliser l'apparence des pages de résultat. Vous pouvez définir leur couleur et intégrer, par exemple, le logo de votre blog.

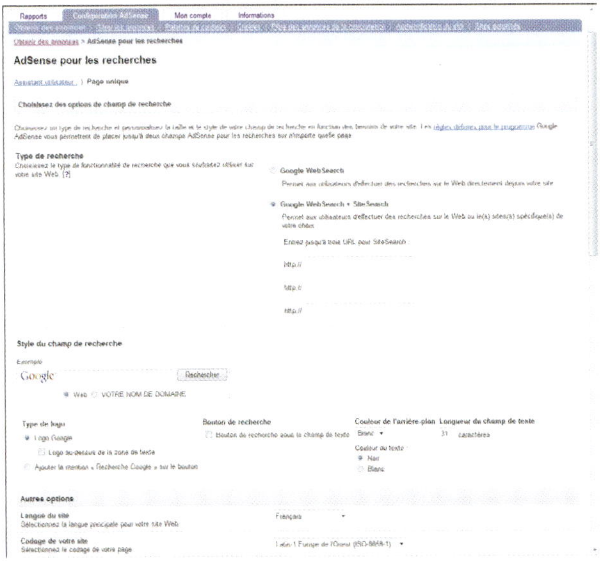

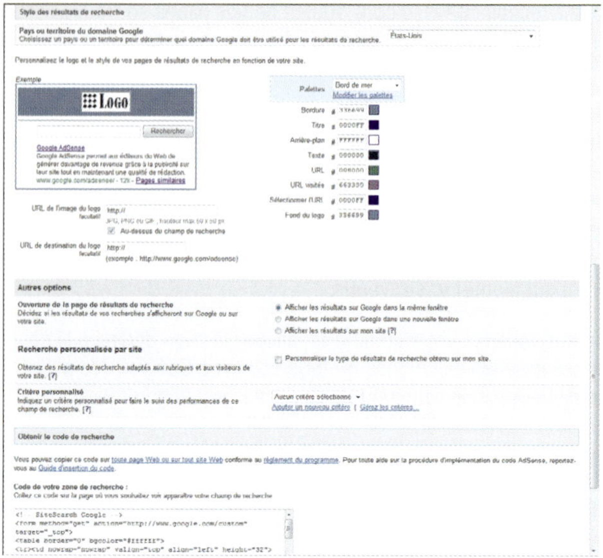

4 Récupérez, en bas de page, le code à intégrer sur votre blog pour proposer une fonctionnalité de recherche à votre public.

Personnaliser les résultats

Lorsque le résultat des recherches s'affiche, l'utilisateur quitte votre espace de communication. Il est alors possible de personnaliser au mieux les pages qu'il obtiendra en intégrant, par exemple, le logo de votre blog ou les couleurs que vous avez utilisées sur toutes vos pages.

Modifiez *votre profil*

Pour recevoir sans difficulté vos gains avec AdSense, il est essentiel de conserver à jour toutes les données de votre profil. Bien entendu, vous disposez des outils nécessaires pour le faire.

1 Connectez-vous sur votre compte

2 Cliquez sur le lien *Mon compte* pour afficher vos données personnelles.

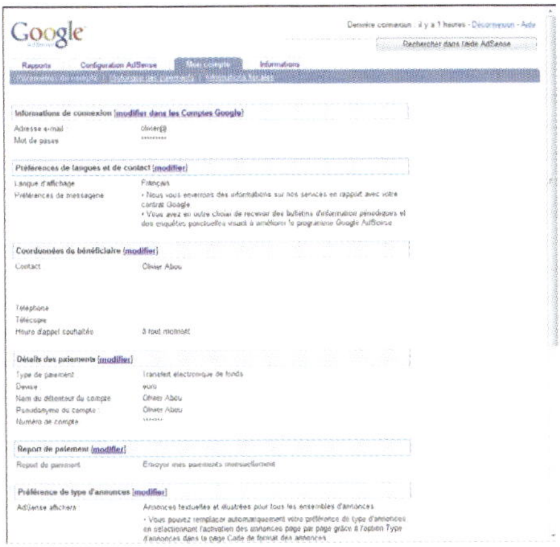

3 Les différentes informations associées à votre profil et que vous avez fournies pendant la procédure de création de votre compte sont consultables à partir de plusieurs sections. Vérifiez qu'il n'y a pas d'erreur.

4 Pour corriger ou mettre à jour une information, cliquez sur le lien *Modifier* correspondant.

5 La page qui s'affiche propose un formulaire avec, selon les cas, les anciennes informations inscrites dans les zones de texte. Il suffit de les supprimer ou de les modifier directement.

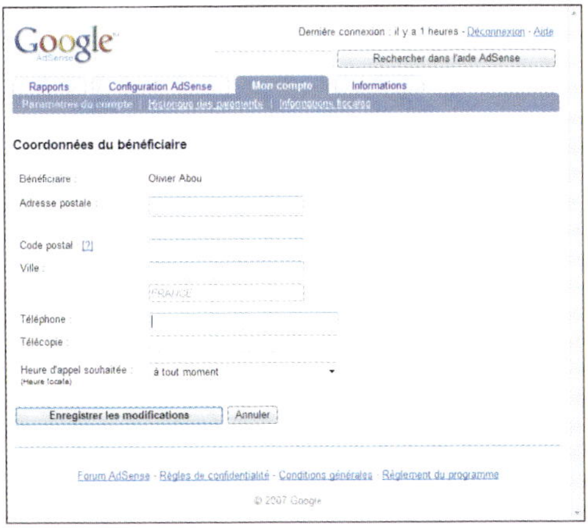

6 Lorsque vous avez terminé votre saisie, cliquez sur le bouton **Enregistrer les modifications**. Votre profil est à jour.

Accéder à d'autres types d'informations

Votre compte permet de consulter des informations différentes de celles de votre profil. Par exemple, vous pouvez connaître, à n'importe quel moment, l'historique complet des paiements effectués par le service. Il suffit de cliquer sur le lien *Historique des paiements* de votre compte.

Préparez *les paiements*

Une petite formalité à accomplir vous attend maintenant. En effet, la législation américaine est stricte. Si vous souhaitez recevoir vos gains, vous devez auparavant remplir un formulaire en précisant différentes informations fiscales. Toutefois, si vous n'exercez pas votre activité aux États-Unis, une simple déclaration sur l'honneur suffira.

Procédez ainsi :

1. Connectez-vous sur votre compte.
2. Cliquez sur le lien *Mon compte* pour afficher vos données personnelles.
3. Cliquez, dans la barre de navigation, sur le lien *Informations fiscales*.

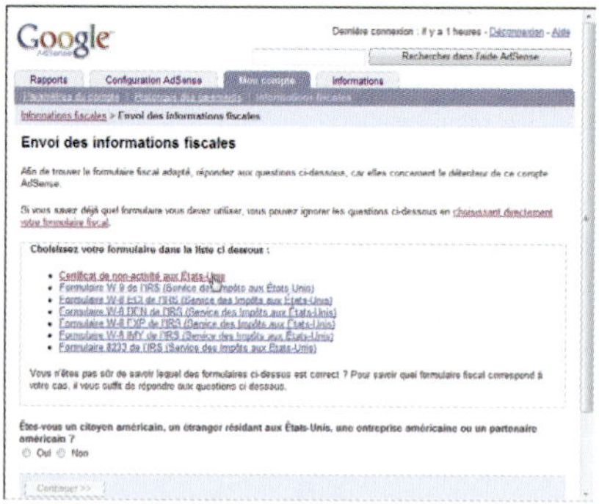

4. Dans la page qui s'affiche, cliquez sur le lien *choisissant directement votre formulaire fiscal*.
5. Une nouvelle section apparaît dans la même page. Cliquez sur le lien *Certificat de non-activité aux États-Unis*.
6. Votre certificat s'affiche immédiatement sur une nouvelle page. Si vous n'avez effectivement aucune activité professionnelle aux États-Unis, vous allez alors pouvoir l'envoyer au service financier de Google.

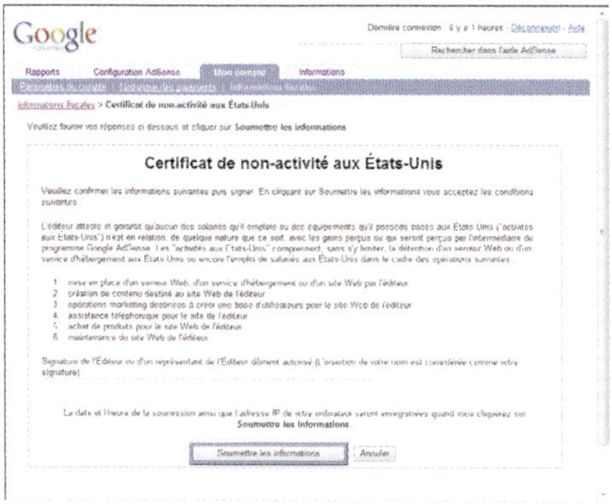

7 Inscrivez votre nom dans la zone de texte prévue à cet effet. Cela permettra de signer numériquement le document que vous allez transmettre.

8 Cliquez sur le bouton **Soumettre les informations**. Le certificat a été envoyé.

Virement ou chèque

Optez de préférence pour un paiement effectué par virement. Celui-ci est beaucoup plus rapide que le chèque. De plus, selon votre banque, vous payerez parfois des frais supplémentaires pour le traitement des chèques en provenance de l'étranger.

Personnalisez *l'intégration des annonces*

Optez pour des couleurs sur mesure. Par défaut, Google propose différentes palettes de couleurs pour intégrer dans les meilleures conditions ses annonces. Toutefois, si elles ne vous conviennent pas, vous avez la possibilité de créer les vôtres. Pour cela :

1 Connectez-vous sur votre compte.

2 Cliquez sur le lien *Configuration AdSense*.

3 Cliquez, dans la barre de navigation, sur le lien *Palettes de couleurs*.

4 Sélectionnez une palette de base à partir de la liste déroulante *Afficher la palette*. Vous allez pouvoir la modifier immédiatement.

5 Utilisez les palettes de couleurs que l'on vous propose pour personnaliser l'apparence de vos annonces dédiées aux pages de contenu.

6 Cliquez sur le bouton **Enregistrer la palette**.

7 Vous pouvez également personnaliser la couleur des pages de recherche. Cliquez sur le lien *AdSense pour les recherches*.

8 Ajoutez, si vous le souhaitez, votre logo pour l'afficher sur toutes les pages de résultat lorsqu'un utilisateur exécute une requête de recherche à partir d'une page de votre blog.

9 Sélectionnez une palette de base à partir de la liste déroulante *Afficher la palette*.

10 Modifiez-la avec les différentes palettes mises à votre disposition.

11 Cliquez sur le bouton **Enregistrer la palette**.

Personnalisation limitée

Il existe des règles strictes pour personnaliser les pages AdSense. Prenez le temps de lire les conditions générales d'utilisation du service ; cela peut éviter une suppression de votre compte : https://www.google.com/adsense/static/fr/LocalizedTerms.html.

Adoptez des services multimédias

Rien ne vous interdit d'adopter, pour votre blog, des services de mises à disposition de séquences vidéo pour animer vos billets. Il en existe plusieurs ; vous n'aurez que l'embarras du choix.

Ajoutez *des vidéos YouTube*

Avec un service comme YouTube, vous disposez d'un nombre considérable de séquences vidéo. Vous pouvez intégrer la plupart d'entre elles facilement dans les pages de votre blog. Pour cela :

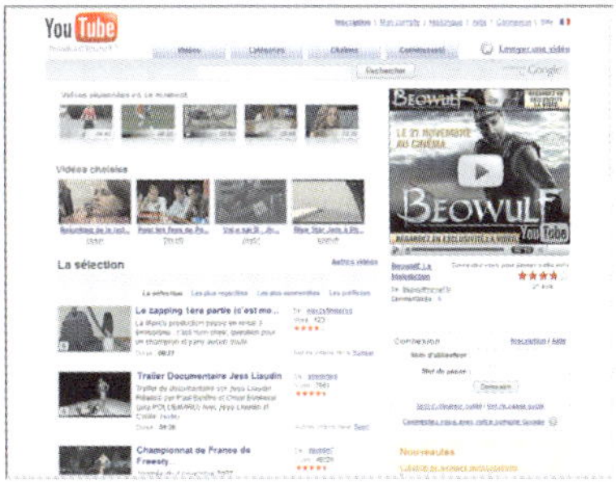

1 Établissez une connexion sur le site français de YouTube à l'adresse suivante : http://fr.youtube.com.

2 La page d'accueil contient une séquence vidéo. Son intégration sera identique à celle que vous obtiendrez dans les pages de votre blog.

3 Si ce résultat vous intéresse, effectuez une recherche dans l'annuaire vidéo de YouTube pour trouver votre bonheur. Il est bien rare de repartir bredouille...

Intégration impossible

Certains utilisateurs, qui ont mis en ligne sur YouTube une vidéo, ont désactivé la création du lien d'insertion de leur séquence. En général, cela a été fait pour respecter leur copyright. N'essayez pas de détourner le système...

4 Lorsque vous avez trouvé une séquence qui peut vous intéresser, démarrez sa lecture en cliquant dessus. Si l'intérêt est confirmé, nous allons l'intégrer sur votre blog.

5 Rendez-vous à la section *About this vidéo* ou *À propos de cette vidéo*. Dans la zone de texte *Code*, sélectionnez l'instruction qu'elle contient.

6 Pressez les touches Ctrl+C pour copier le code dans le Presse-papiers de Windows.

7 Il ne vous reste plus qu'à le coller dans le code source de votre page.

8 Vous pouvez, si vous le souhaitez et si vous disposez d'un compte sur YouTube, laisser un petit commentaire à propos de la vidéo que vous venez de récupérer.

Insérez *une vidéo DailyMotion*

Rien ne vous interdit d'adopter les services d'un concurrent à YouTube. Ainsi, DailyMotion, qui mérite incontestablement le détour, propose également de nombreuses ressources multimédias à intégrer à vos pages. Vous aurez même la possibilité de définir la taille du lecteur vidéo.

Procédez ainsi :

1 Établissez une connexion sur le site français de DailyMotion à l'adresse suivante : www.dailymotion.com/fr.

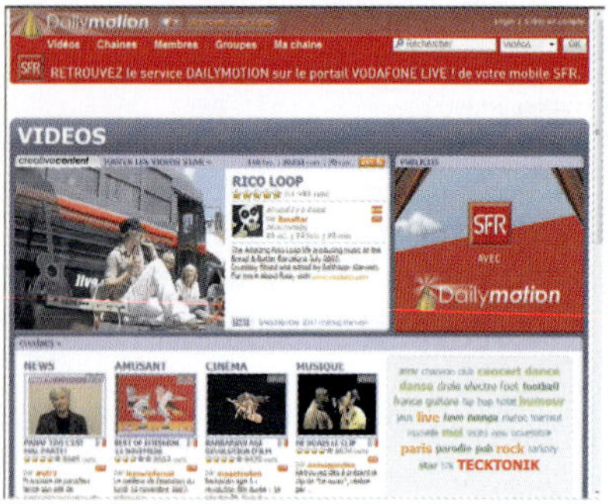

2 Pour trouver une séquence vidéo à intégrer à vos pages, effectuez une recherche avec les mots-clés de votre choix. Sélectionnez une catégorie pour mieux cibler votre requête. Cliquez sur OK pour l'exécuter.

3 Vous pouvez également utiliser le nuage de mots pour naviguer sur le site et trouver votre séquence vidéo.

Dysfonctionnement du lecteur

Si vous intégrez une séquence vidéo dans un billet de votre forum, vous obtiendrez parfois des erreurs. Dans ce cas, cela signifie probablement que votre blog ne supporte pas les instructions HTML. Elles ont probablement été désactivées par défaut, par souci de sécurité, dans l'interface d'administration de votre compte. Il suffit, dans les paramètres de configuration du blog, d'activer la prise en charge des instructions HTML dans vos billets.

4 Dès que vous trouvez une séquence qui peut vous intéresser, démarrez sa lecture en cliquant dessus. Si vous souhaitez l'intégrer sur votre blog, reportez-vous aux étapes suivantes. Sinon, continuez votre recherche.

5 Dans la zone de texte *Lecteur Exportable*, sélectionnez le code.

6 Pressez les touches Ctrl+C pour le copier dans le Presse-papiers de Windows. Il ne vous reste plus qu'à le coller dans le code source de votre page.

7 Vous pouvez définir une taille spécifique pour le lecteur vidéo intégré dans votre page : petit, moyen ou grand. Il suffit de cocher l'option de votre choix avant de copier le code.

Choisissez des outils supplémentaires

Lorsqu'on possède un blog sur Internet, il est parfois utile de s'équiper avec des programmes spécifiques. Par exemple, avec un blog, on doit généralement mettre en ligne toutes sortes d'image : logos, photos, dessins, etc. Il est alors nécessaire d'adopter un éditeur graphique pour retoucher vos fichiers graphiques.

N'importe quel éditeur graphique propose un large espace de travail. Celui-ci permet d'afficher les images que vous souhaitez modifier. Rien ne vous interdit d'en charger plusieurs. Vous pourrez ainsi passer rapidement de l'une à l'autre, d'un simple clic de souris.

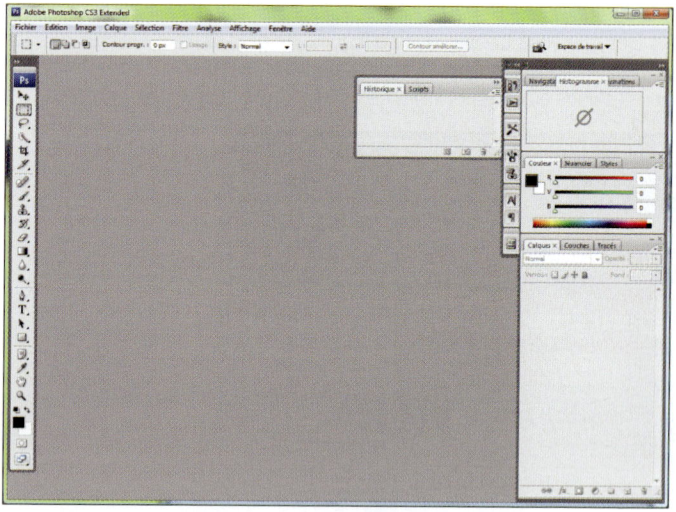

Tout éditeur graphique qui se respecte offre de nombreuses commandes. Sans elles, impossible de retoucher vos images avant de les mettre en ligne. En général, les programmes professionnels intègrent des fonctions complexes mais qui permettent de modifier n'importe quelle image dans les moindres détails. D'autres outils, plus simples à prendre en main, proposent des Assistants qui vous aideront dans toutes vos tâches.

Si vous décidez de vous lancer sérieusement dans la création de votre propre site, vous devrez probablement créer ou modifier vos propres pages web. Dans ce cas, un éditeur HTML s'impose. Choisissez-le de préférence **WYSIWYG**. Vous pourrez ainsi créer vos pages web en quelques clics de souris, sans compétence technique.

WYSIWYG

What You See Is What You Get, ce que vous voyez (à l'écran) est ce que vous obtenez.

Il existe de nombreux programmes dédiés à la programmation de sites web sur le marché. Leur interface reste, en grande partie, identique d'un programme à l'autre. L'environnement de travail ressemble à celui des traitements de texte, avec certaines fonctions supplémentaires.

- La plupart des éditeurs de pages web intègrent de nombreux Assistants. Il suffit de suivre les différentes étapes que l'on vous propose à l'écran.

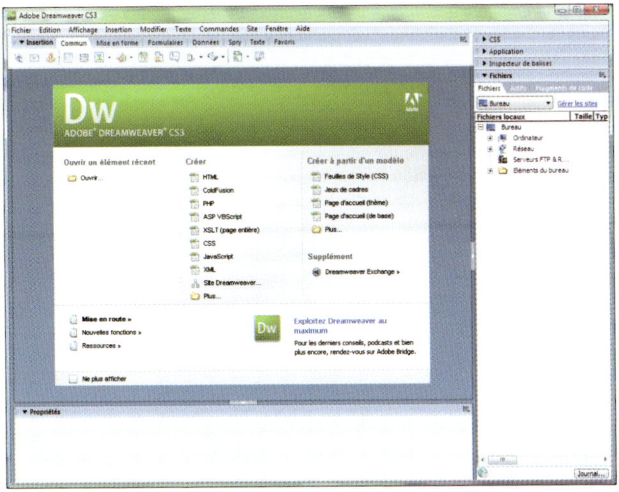

- Tous les outils d'édition web sont directement disponibles dans l'interface principale du programme. Vous disposez en outre d'un explorateur de fichiers pour accéder aux pages de votre site.

Achetez un nom de domaine

Quelques clics de souris suffisent pour acheter n'importe quel nom de domaine. Celui-ci correspondra à l'adresse de votre espace personnel sur le Web, en l'occurrence votre blog. L'adresse aura la forme suivante : www.mon-blog.com.

Procédez ainsi :

1 Connectez-vous chez un prestataire revendeur de noms de domaine (www.ovh.com, par exemple).

2 Inscrivez, dans le champ conçu à cet effet, le nom que vous souhaitez acheter. Attention, pas d'accent ni de caractères spéciaux dans l'adresse web de votre espace personnel.

3 Sélectionnez dans la liste déroulante le domaine que vous souhaitez adopter pour votre adresse web : .fr, .com, .net, etc. Cliquez sur le bouton **Réserver** pour passer à l'étape suivante. Vous aurez la possibilité de prendre un abonnement pour héberger votre site sur le serveur du

prestataire. Ce n'est pas une obligation ; votre adresse peut pointer vers n'importe quel autre serveur, nous le verrons plus loin dans une autre fiche.

Mon nom n'est plus disponible

Cela arrive souvent, rien d'anormal. Explication : avec le temps, la plupart des noms de domaine les plus intéressants ont déjà été achetés. Néanmoins, il existe une technique pour trouver des adresses disponibles sur le Web. Vous le verrez dès la prochaine fiche.

4 Si vous avez déjà un compte chez le prestataire, identifiez-vous en sélectionnant la première option. Dans le cas contraire, cochez la seconde option et passez à la seconde section de la page. Vous allez pouvoir créer votre compte.

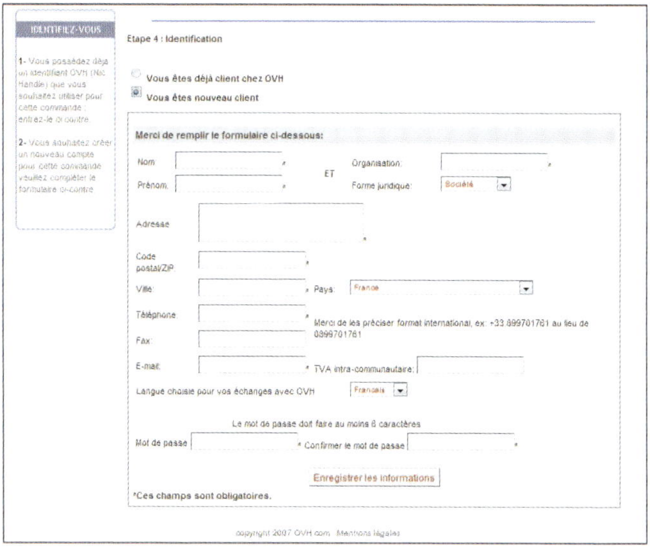

5 Inscrivez les différents renseignements demandés : nom, adresse, téléphone, email, etc. Ces informations sont importantes et doivent être réelles. Cliquez sur le bouton **Enregistrer les informations** pour accéder à un espace sécurisé. Vous pourrez payer immédiatement votre nom de domaine avec une carte bancaire. La création de votre adresse web sera immédiate.

Trouvez une adresse disponible

Pour vérifier rapidement la disponibilité du nom de domaine qui vous intéresse, il existe des services spécialisés. Vous pourrez ainsi effectuer des recherches dans les meilleures conditions avant d'acheter l'adresse web qui convient le mieux pour accéder à votre espace personnel.

Procédez ainsi :

1 Connectez-vous sur le service SOS Domaine disponible ici : www.sosdomaine.com.

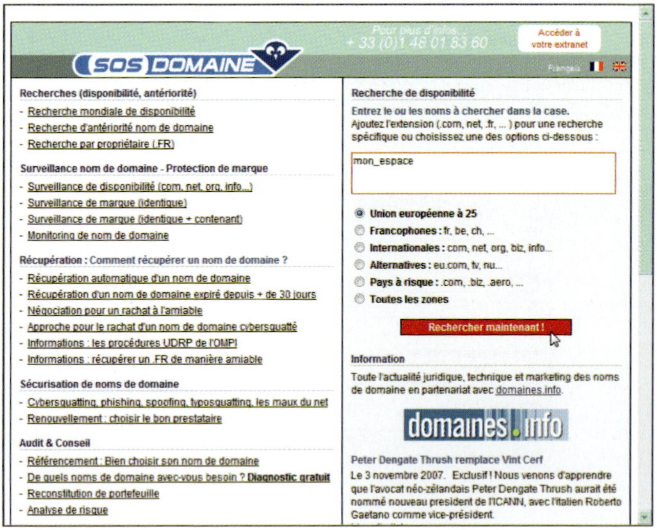

2 Inscrivez, dans la zone de texte de la section *Recherche de disponibilité*, le nom de domaine qui vous intéresse. Attention, vous ne devez pas le faire précéder des caractères www.

3 Cochez l'option *Union européenne à 25* pour vérifier les zones disponibles (.com, .net, .fr, .org, .info, etc.). Rien ne vous interdit, cependant, de sélectionner une option différente si vous souhaitez cibler

autrement votre recherche. Ainsi, vous obtiendrez des résultats qui correspondront mieux à vos attentes. Cliquez sur le bouton **Rechercher maintenant !**.

Des règles à respecter

L'achat d'un nom de domaine est libre. Néanmoins, il n'est pas permis d'utiliser, dans son adresse, une marque déposée. Cela peut vous attirer de sérieux ennuis. Dès lors, prenez le temps de vérifier, avant l'achat, qu'il n'existe pas de risque de confusion avec une appellation protégée.

4 Vous obtenez une nouvelle page qui affiche, sous forme de tableau, une liste du nom de domaine que vous avez choisi avec, pour chaque ligne, une zone différente (.fr, .com, .net, etc.). Lorsque la ligne intègre un point vert, l'adresse est disponible. Dans le cas contraire, avec un point rouge ou orange, vous ne pourrez pas acheter le nom de domaine correspondant.

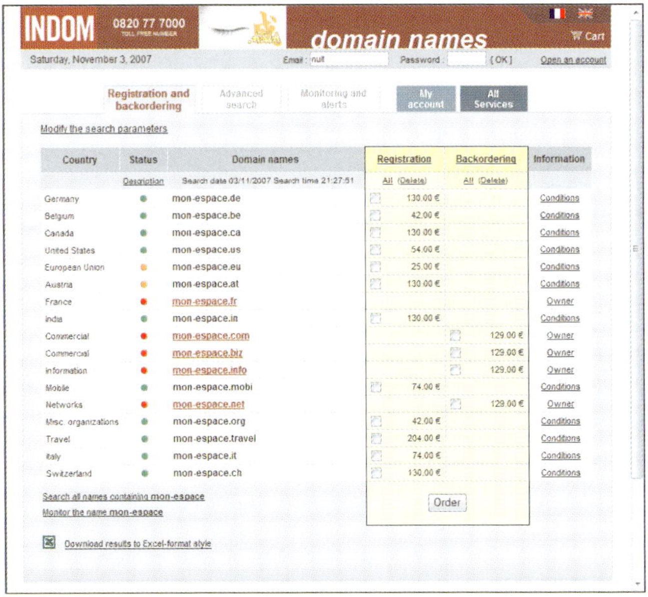

5 Lorsqu'un nom de domaine n'est plus disponible, vous avez la possibilité de connaître le site sur lequel il renvoie. Il suffit de cliquer sur l'adresse qui s'affiche sous la colonne *Domain names*. Une nouvelle fenêtre s'affichera et vous serez automatiquement connecté sur la page d'accueil du site.

Réduisez les dimensions des images

Pas question de mettre en ligne des photos ou des images de grande taille sans diminuer leurs dimensions. Elles doivent pouvoir s'afficher en entier dans une fenêtre standard de n'importe quel navigateur.

Procédez ainsi :

1 Démarrez votre éditeur graphique. Dans notre exemple, nous avons adopté Adobe PhotoShop.

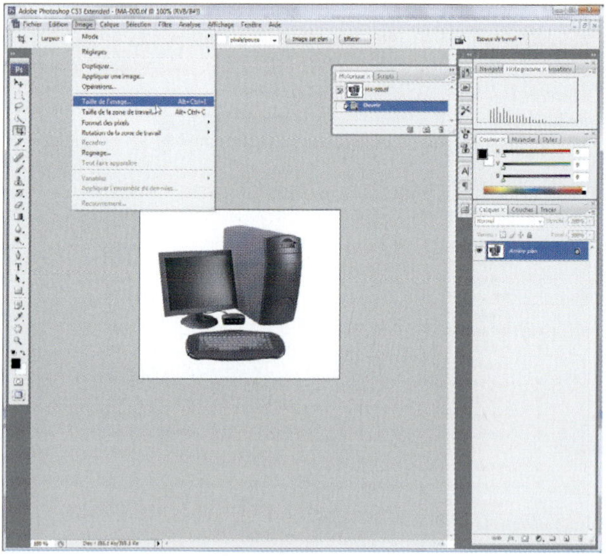

2 Ouvrez l'image que vous souhaitez modifier dans la fenêtre principale de votre programme.

3 Cliquez sur le menu **Image** pour sélectionner, dans le menu déroulant qui s'affiche, la commande vous permettant de modifier les dimensions de votre image. Dans Adobe PhotoShop, cette commande se nomme **Taille de l'image**. Une boîte de dialogue s'affichera immédiatement. Elle

contiendra, comme vous vous en doutez, plusieurs options pour définir une nouvelle taille à toutes vos images.

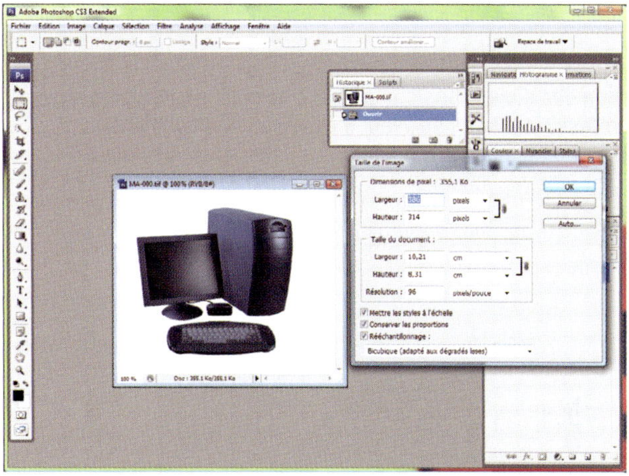

Optimisez la mise en ligne des images

Lorsque vous mettez des images sur votre site, vous devez réduire leur poids. Ainsi, vos pages s'afficheront plus rapidement dans les navigateurs des internautes qui se connecteront sur votre blog.

4 Indiquez dans les champs conçus à cet effet les dimensions, en hauteur et en largeur, de votre image. Vous pouvez sélectionner différentes unités : pixels ou centimètres, par exemple. Veillez également à cocher l'option *Conserver les proportions*. De cette façon, en indiquant une nouvelle valeur pour la hauteur, ou la largeur, l'image sera automatiquement redimensionnée sans déformation possible.

5 Cliquez sur OK pour valider les nouveaux paramètres et fermer la fenêtre. Si le résultat ne vous convient pas, pressez simultanément les touches Ctrl+Z pour annuler les nouvelles dimensions.

Compressez les photos

La réduction des dimensions d'une image ne suffit généralement pas à obtenir un résultat adapté au Web. Il convient effectivement de compresser également votre fichier graphique. Ainsi, vos pages s'afficheront plus rapidement.

1 Démarrez votre éditeur graphique et ouvrez l'image à compresser dans la fenêtre principale du programme.

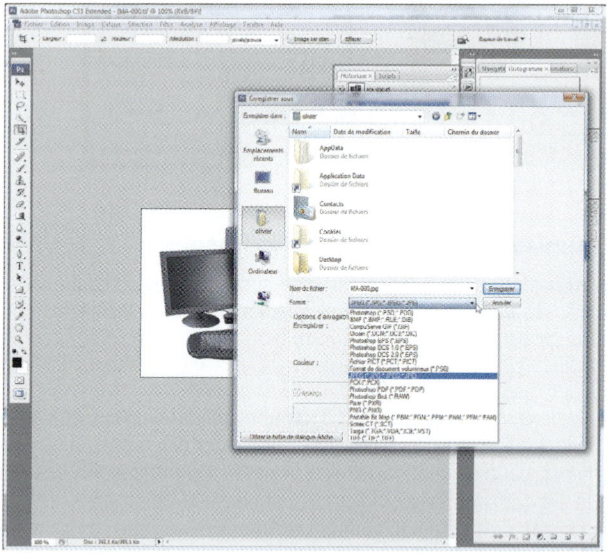

2 Sélectionnez, à partir du menu **Fichier**, la commande **Enregistrer sous**.

3 Dans la boîte de dialogue qui apparaît, sélectionnez le dossier où vous souhaitez sauvegarder votre image compressée. Inscrivez un nom, dans le champ prévu à cet effet, pour le fichier que vous obtiendrez. Sélectionnez, dans la liste des formats de fichier, le format JPEG (ou JPG). Celui-ci a la particularité, avec ses options, de pouvoir compresser vos images. Vous pourrez ainsi réduire leur poids en toute simplicité. Cliquez sur le bouton **Enregistrer** pour passer à l'étape suivante.

Trouver le bon compromis

Vous aurez la possibilité de compresser considérablement vos fichiers graphiques. Néanmoins, plus vous compressez, plus la qualité de vos images sera décevante. Vous devrez trouver un juste milieu avec le taux de compression à appliquer.

4 Une nouvelle boîte de dialogue s'affiche. Elle contient, comme vous vous en doutez, toutes les options nécessaires pour compresser votre image.

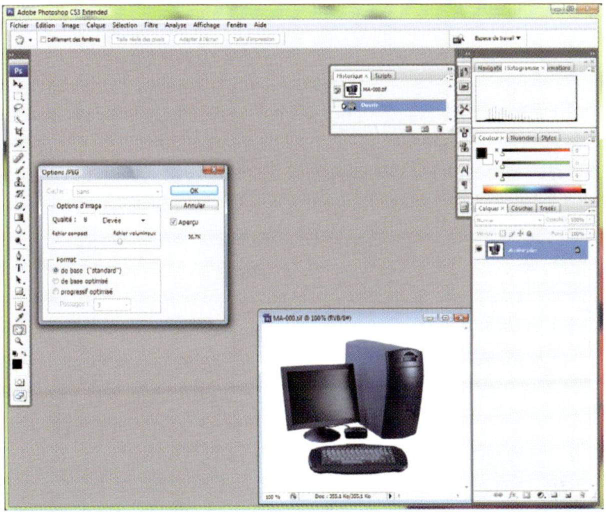

5 Vous disposez d'une barre de réglage pour diminuer ou augmenter le taux de compression de votre image. Attention : en dessous d'une valeur de 50 %, la qualité de votre image sera considérablement altérée. Restez raisonnable.

6 Cliquez sur le bouton pour fermer cette fenêtre et enregistrer les nouveaux paramètres de compression du format JPEG. Votre image peut désormais être mise en ligne.

Trouvez un hébergement

Un grand nombre de services d'hébergement de sites sur le Web sont gratuits et rien ne vous empêche d'y installer votre blog. Ces services peuvent vous offrir un espace pour mettre en ligne des pages que vous aurez créées ; ou vous proposer un véritable espace personnel, contenant des pages prédéfinies, qu'il suffira de remplir avec vos textes et images. La contrepartie ? L'insertion de publicités sur votre espace personnel. Vous êtes prévenu.

1 Pour bénéficier d'un espace gratuit sur le Web, vous devrez obligatoirement vous inscrire auprès du service concerné. La procédure consiste à remplir un formulaire standard avec les renseignements que l'on vous demande : nom, adresse, intitulé de votre espace, etc. Vous pourrez ensuite créer votre espace web et recevoir régulièrement différentes informations et publicités, par courrier électronique.

2 Prenez le temps de consulter l'offre du service qui vous intéresse. Vous avez la possibilité de comparer les offres qui sont nombreuses sur le marché. Pour le vérifier, il suffit de saisir les termes *hébergement gratuit* dans n'importe quel moteur de recherche et de parcourir les résultats.

Si la publicité sur votre espace personnel vous indispose, adoptez une solution d'hébergement payant. Compte tenu de la concurrence, les prix pratiqués sont très raisonnables. Environ 30 €/an, en moyenne pour des besoins standard.

1 Optez pour un hébergement de type mutualisé. Cela signifie que plusieurs clients (sites) utilisent une même machine (serveur) pour mettre en ligne leurs pages. Bien entendu, cette configuration est totalement transparente pour vous et les internautes qui se connecteront sur votre espace. En général, cette solution convient parfaitement pour tous les sites qui ne génèrent pas trop de connexions. Au-delà d'une certaine limite, le service technique du prestataire vous contactera pour vous proposer une autre solution d'hébergement.

2 En général, vous disposez toujours d'un tableau qui compare les différentes formules disponibles. Optez pour la moins chère. Vous pourrez, au moment voulu, passer à une offre supérieure.

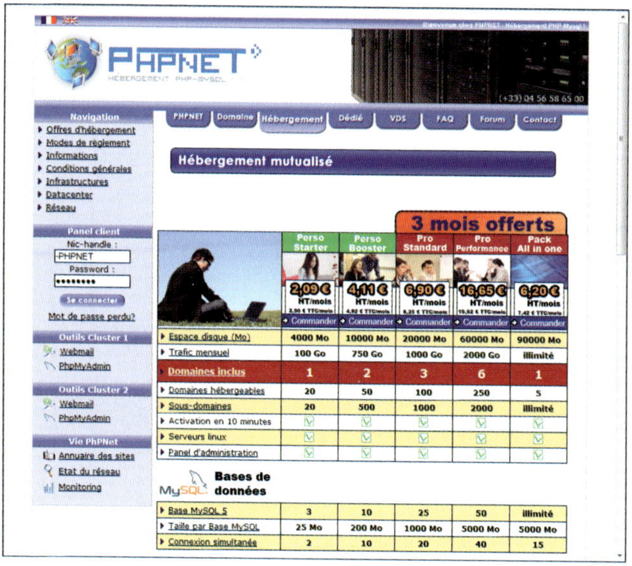

Choisissez votre hébergement

Comment être sûr de faire le bon choix lorsque vous choisissez un service d'hébergement sur le Web pour votre blog ? Il suffit de s'informer en consultant les avis postés sur des espaces de discussion particuliers.

Procédez ainsi :

1. Connectez-vous sur la page des groupes de discussion de Google : http://groups.google.fr/?hl=fr.

2. Dans la page qui s'affiche, cliquez sur le lien *Afficher tous les groupes en Français.*

3. Dans la nouvelle page qui apparaît, recherchez le groupe *fr.reseaux .internet.hebergement* et cliquez sur le lien qu'il propose. La page du groupe s'affiche immédiatement.

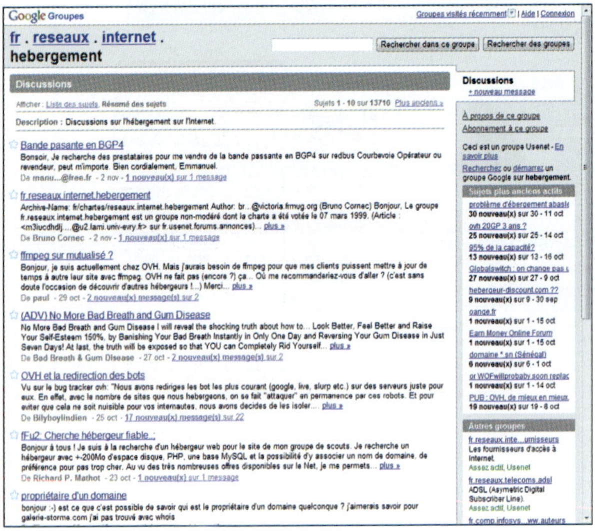

4. Lisez les différents messages postés dans le groupe. Vous disposez ici, sous forme de liste, du titre de chaque contribution suivi des premières phrases du message.

5 Pour consulter l'intégralité d'une intervention dans le groupe, cliquez sur le lien du sujet. Une nouvelle page s'affichera avec l'intégralité du message correspondant.

Autre technique pour trouver un espace d'hébergement payant, sans publicité : la recherche à travers de nombreux annuaires spécialisés sur le Web.

1 Si vous effectuez une recherche ciblée sur, par exemple, Google, vous trouverez rapidement de nombreux annuaires spécialisés sur l'hébergement gratuit ou payant. Citons, entre autres, Annuaire Hébergement (www.annuaire-hebergement.info) ou 123Hébergement (www.123hebergement.fr). Ces services recensent un grand nombre de prestataires du marché avec différentes informations. Par exemple, les tarifs et les services proposés, les adresses pour ouvrir un compte, etc.

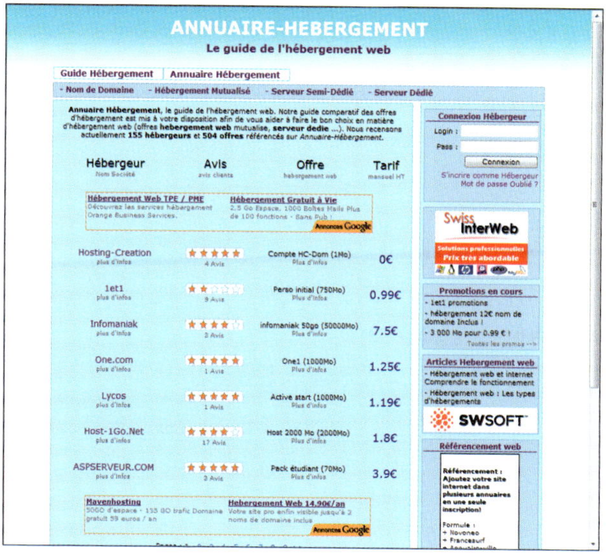

2 La plupart des annuaires permettent à leurs lecteurs de laisser un commentaire sur la qualité de service d'un prestataire. Ne les oubliez pas, leur lecture est souvent indispensable pour effectuer le meilleur choix.

3 Bien souvent, un système de notation vous permet en outre de repérer les entreprises qui ont la meilleure réputation. Tenez-en compte.

Configurez votre adresse

Si vous avez acheté un nom de domaine pour avoir votre propre adresse personnalisée sur le Web, vous devez paramétrer cette dernière. Cette opération consiste à rediriger vos lecteurs sur le serveur qui héberge votre blog lorsqu'ils saisiront votre adresse dans leur navigateur.

Procédez ainsi :

1 Connectez-vous sur votre interface d'administration mise à votre disposition par le service qui vous a vendu votre nom de domaine. Trouvez le module dédié à la configuration des redirections web.

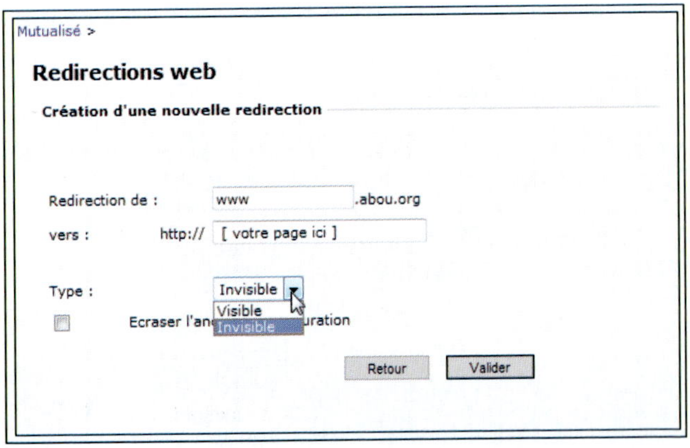

2 Inscrivez, dans le champ prévu à cet effet, l'adresse que vous souhaitez utiliser pour vous connecter sur votre espace personnel. Saisissez, dans le second champ, la véritable adresse de votre site ou de votre page.

3 Pour masquer la véritable adresse de votre espace et afficher, dans la barre d'adresse des navigateurs, votre nom de domaine, sélectionnez l'option *Invisible*.

4 Cliquez sur le bouton **Valider** pour enregistrer votre nouvelle redirection.

Lorsque vous disposez de votre propre nom de domaine, il est dommage de ne pas avoir d'adresse de courrier électronique personnalisée avec ce nom. La technique, là encore, est fort simple. Il suffit de renseigner un formulaire avec les informations que l'on vous demandera.

1 Connectez-vous sur l'interface d'administration du service qui vous a vendu votre nom de domaine.

2 Rendez-vous dans le module dédié à la création et à la configuration de vos comptes de messagerie.

3 Cliquez sur le lien qui vous permet de définir la redirection de tous les messages envoyés à une adresse de votre choix. Inscrivez, dans le champ prévu à cet effet, l'adresse que vous souhaitez utiliser avec votre nom de domaine.

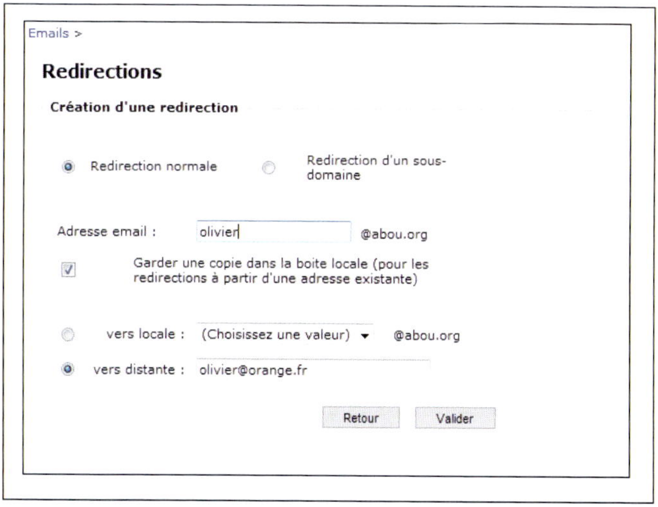

4 Inscrivez, dans le second champ, une adresse de courrier électronique, transmise par votre fournisseur d'accès Internet, par exemple. Elle permettra de recevoir ainsi tous les messages envoyés vers l'adresse indiquée précédemment.

5 Cliquez sur le bouton **Valider** pour enregistrer les nouveaux paramètres.

Adoptez un éditeur HTML

Il existe de nombreux programmes pour créer des pages web ou modifier celles de votre blog. Toutefois, Adobe Dreamweaver semble faire l'unanimité. Voici alors une brève présentation de ce programme qui permettra de le prendre en main plus rapidement si vous l'adoptez pour personnaliser ou créer votre blog.

Bien choisir votre programme

La plupart des logiciels web peuvent générer automatiquement le code de vos pages. Très utile pour les utilisateurs novices. Mais attention : certains programmes génèrent un code non standard. Dans ce cas, les pages ne s'afficheront pas correctement.

1 Vous disposez avec Dreamweaver de plusieurs modes d'affichage. Le plus convivial correspond au mode Création. Vous pouvez l'activer en cliquant sur le bouton du même nom.

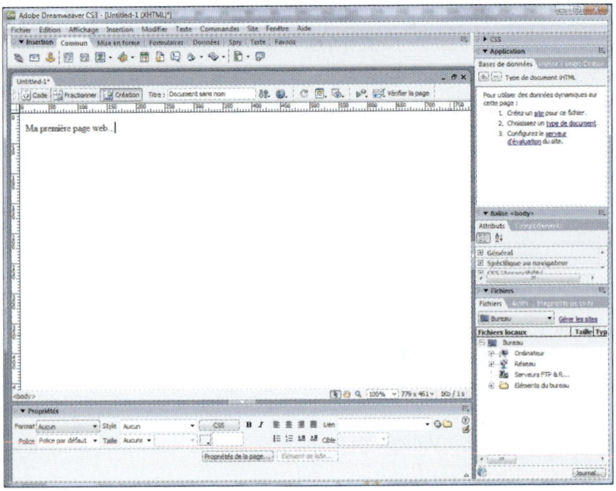

2 Dans un tel mode, il suffit de saisir votre texte et de composer vos pages comme vous le feriez dans un traitement de texte classique.

3 Vous trouverez, en bas de la fenêtre, un panneau intégrant différents outils pour modifier l'apparence ou le comportement du texte, ou de l'objet, sélectionné sur la page.

4 Dreamweaver permet, à n'importe quel moment, de visualiser les instructions de programmation de votre page. On parlera alors de code source et de langage HTML. Cliquez sur le bouton **Code** pour basculer dans un tel mode.

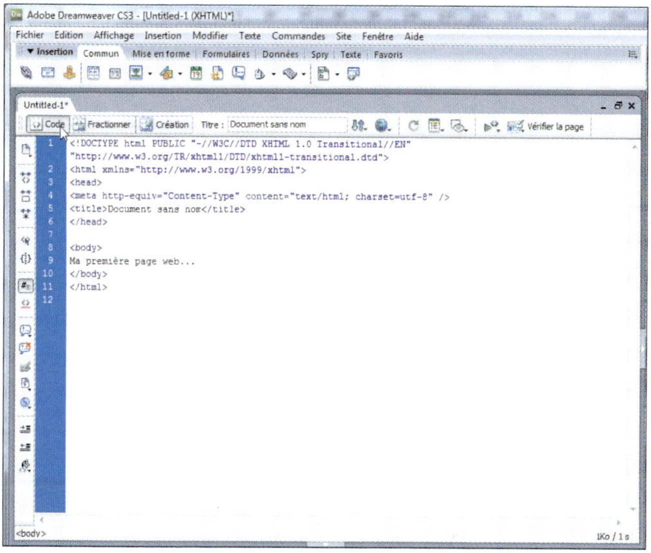

5 Le code source s'affiche immédiatement dans la fenêtre principale du programme. Heureusement, il n'est pas nécessaire de travailler dans ce mode pour élaborer vos pages web. Rien ne vous empêche effectivement de rester dans le mode Création qui n'exige aucune compétence technique pour modifier ou créer vos pages web.

Téléchargez Dreamweaver

Le programme Adobe Dreamweaver correspond à un logiciel payant. Vous avez la possibilité de télécharger, à partir du site de son éditeur, une version d'évaluation.

1 Pour télécharger une version d'évaluation gratuite de Dreamweaver, connectez-vous sur le site de son éditeur à l'adresse suivante : www.adobe.com/fr/downloads. La page dédiée aux téléchargements des versions de test s'affiche immédiatement.

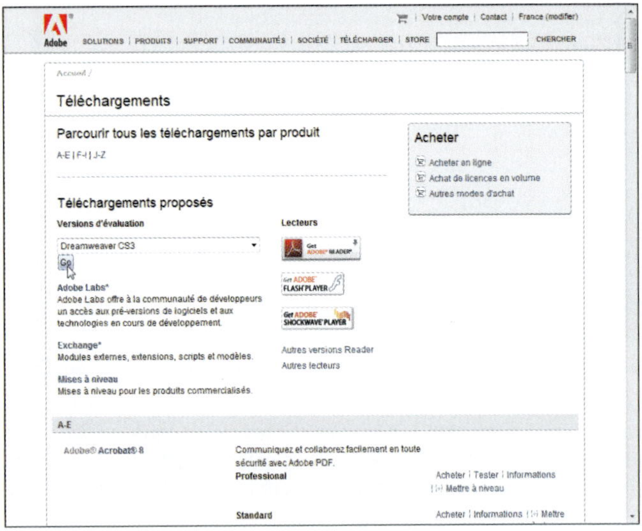

2 Sélectionnez, dans la liste déroulante *Versions d'évaluation*, le programme Dreamweaver CS3. Cliquez sur le bouton **Go**.

3 Vous disposez sur cette même page de plusieurs liens pour acheter directement en ligne le programme.

Haut débit nécessaire

La plupart des programmes distribués par la firme Adobe sont disponibles en version d'évaluation. Vous pouvez les récupérer directement sur son site, à condition de posséder une connexion rapide. Certains programmes s'avèrent particulièrement lourds...

4 Dans la nouvelle page qui s'affiche, inscrivez l'identifiant de votre compte Adobe et le mot de passe qui l'accompagne.

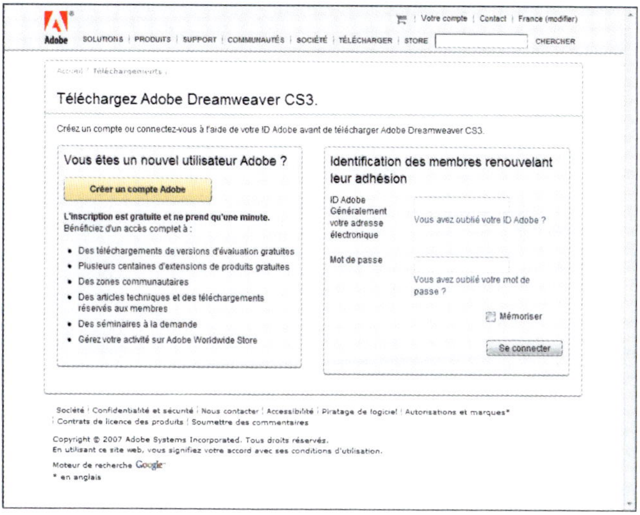

5 Cliquez sur le bouton **Se connecter**. Vous pourrez télécharger la version d'évaluation du programme que vous venez de sélectionner.

6 Vous ne disposez pas de compte Adobe ? Cliquez sur le bouton **Créer un compte Adobe**. L'inscription est gratuite. Il suffit de remplir un formulaire et de fournir une adresse email valide. Après avoir effectué votre inscription, recommencez la procédure et identifiez-vous à l'étape 4.

Adoptez Multimania pour votre blog

Besoin d'un grand espace pour votre blog ? Besoin de tous les outils nécessaires à un webmestre digne de ce nom ? Besoin du support de toute une communauté ? Faites un petit tour chez Multimania, vous risquez de ne pas le regretter.

Multimania propose gratuitement 1 Go d'espace pour mettre en ligne votre blog. En échange, quelques publicités s'afficheront sur vos pages.

1 Pour bénéficier des services gratuits de Multimania, connectez-vous à l'adresse suivante : www.multimania.lycos.fr. Multimania fait partie du groupe Lycos dont vous pouvez découvrir les services à partir des onglets disponibles en haut de page.

2 Le service rassemble toute une communauté d'utilisateurs. Pour mieux les connaître, consultez les forums accessibles à partir des liens de la colonne de gauche.

3 Consultez dès la page d'accueil tous les points forts de l'offre d'hébergement gratuit de Multimania. Pour en savoir plus, cliquez sur le lien *Pour plus d'informations*.

Des outils puissants

En plus de l'espace d'hébergement mis à votre disposition, Multimania vous offre de nombreux outils pour créer votre site. Par exemple, une interface de transfert des fichiers, un Assistant de création de pages web, des outils statistiques, etc.

4 La liste des informations du service s'affiche dans une nouvelle page. Vous pouvez connaître ainsi toutes les nouvelles fonctionnalités qui apparaissent dans l'offre de Multimania.

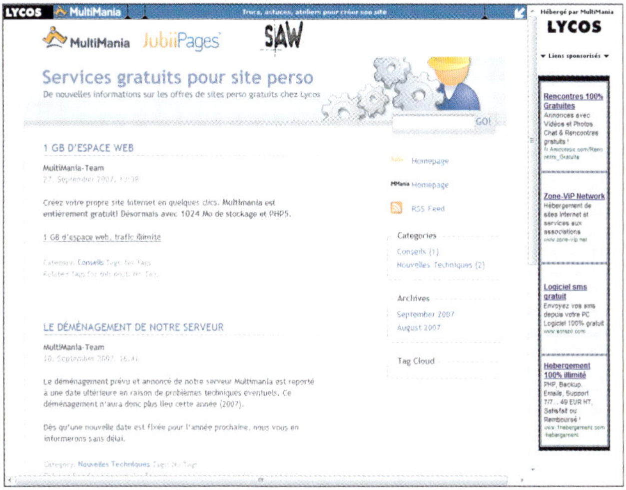

5 Si vous adoptez leur service, n'hésitez pas à vous inscrire au fil d'actualités de Multimania.

6 Pour accéder aux informations plus anciennes du service, consultez les archives de l'actualité.

Si l'offre de Multimania vous intéresse, n'hésitez pas. Il suffit d'ouvrir un compte en remplissant un formulaire pour bénéficier immédiatement d'un espace d'un gigaoctet pour héberger votre blog.

Adoptez un client FTP

Selon le service que vous aurez adopté pour héberger votre blog, vous serez parfois obligé d'utiliser un programme de type client FTP pour mettre en ligne vos informations (images, son, vidéo, etc.). Dès lors, pour illustrer une procédure de connexion FTP, nous avons adopté FileZilla. Vous pouvez télécharger, en français, cet outil gratuit à l'adresse suivante : www.filezilla.fr.

1 Démarrez FileZilla après l'avoir téléchargé et installé. La fenêtre principale est divisée en plusieurs parties.

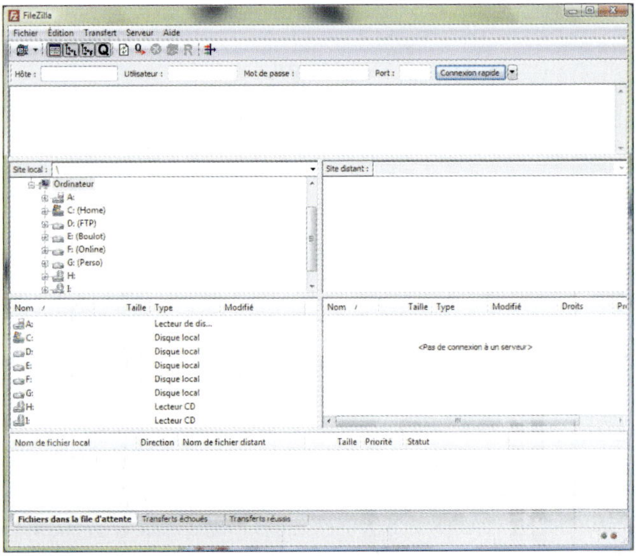

2 La première section affiche les messages d'information transmis par le serveur FTP sur lequel vous vous connectez.

3 La deuxième section, le cadre de gauche, affiche les différentes unités (disques durs par exemple) disponibles sur votre ordinateur. Cliquez sur l'une d'elle pour afficher son contenu dans le cadre situé juste en dessous.

4 Une troisième section, le cadre de droite, est réservée à l'affichage des dossiers disponibles sur votre espace FTP. Lorsque vous cliquez sur l'un d'entre eux, son contenu s'affiche dans le cadre inférieur.

Pour plus de souplesse

L'intérêt d'un client FTP réside dans sa souplesse d'utilisation. Vous pouvez en outre gérer plusieurs sites FTP au sein d'une même interface. De plus, son principe de fonctionnement est identique à celui de l'Explorateur Windows. Vous pouvez manipuler, en local ou à distance, tous vos fichiers et dossiers avec votre souris.

FileZilla peut fonctionner sans configuration particulière. Mais rien ne vous interdit de le personnaliser. Pour cela :

1 Sélectionnez la commande **Configuration** du menu **Édition**.

2 Sélectionnez une section qui vous intéresse. Dans notre exemple, nous avons cliqué sur la catégorie *Interface et Thèmes*.

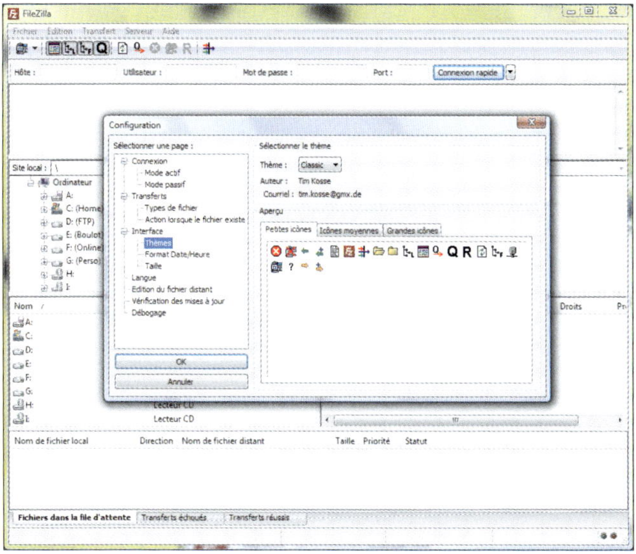

3 Les options relatives à l'interface apparaissent à droite. Vous pouvez, par exemple, modifier la taille des icônes.

4 Validez par OK pour enregistrer les nouveaux paramètres.

Configurez votre accès FTP

Votre accès FTP est privé. Vous devez indiquer votre identifiant et mot de passe pour y accéder. Ces informations peuvent s'enregistrer dans FileZilla, avec l'adresse du serveur. De cette façon, il sera inutile de les saisir à chaque nouvelle connexion pour mettre à jour votre blog.

1 Démarrez FileZilla pour afficher sa fenêtre principale.

2 Sélectionnez la commande **Gestionnaire de Sites** du menu **Fichier**.

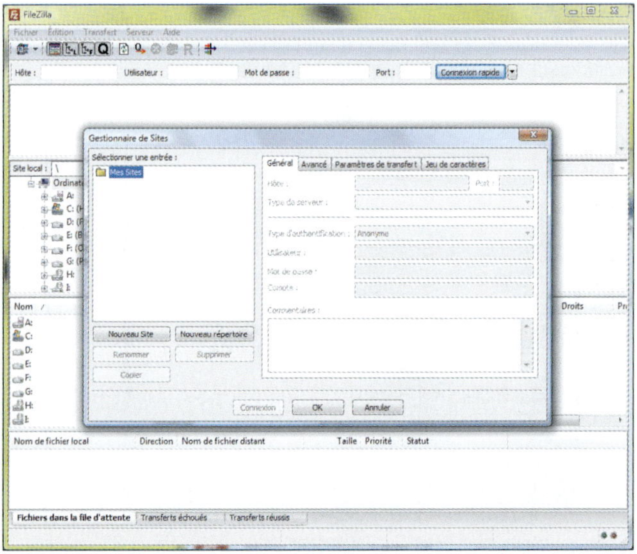

3 Vous pouvez, si vous le souhaitez, créer plusieurs dossiers pour classer les serveurs FTP que vous utilisez. Inutile toutefois de le faire si vous n'en avez pas un grand nombre.

4 Cliquez sur le bouton **Nouveau site**.

Trouver ses informations de connexion

Vous ne savez pas où trouver vos informations de connexion FTP sur le serveur qui héberge votre blog ? Jetez un œil dans votre logiciel de messagerie. Vous les avez probablement reçues au moment de la création de votre compte sur le service d'hébergement.

5 Inscrivez un nom de votre choix pour identifier dans le Gestionnaire de sites le serveur FTP de votre hébergeur. Par exemple, Multimania pour le service d'hébergement de Lycos.

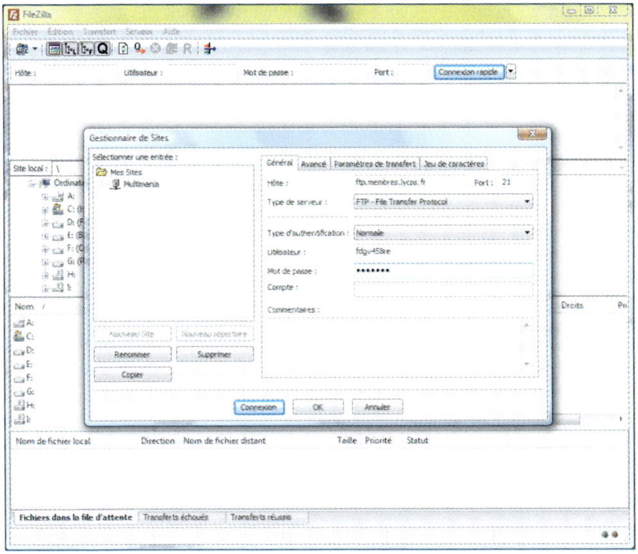

6 Inscrivez dans la zone de texte *Hôte* l'adresse de votre serveur FTP. Indiquez la valeur *21* pour le port.

7 Sélectionnez l'option *Normale* dans la liste déroulante *Type d'authentification*. Indiquez votre identifiant et votre mot de passe.

8 Cliquez sur le bouton **Connexion** pour établir immédiatement votre première connexion sur le serveur FTP.

Connectez-vous par FTP

La particularité d'une connexion FTP, comparée à celle du Web, réside entre autres dans la rapidité des transferts. Les débits sont effectivement plus performants pour la mise en ligne des fichiers volumineux.

1 En cliquant sur le bouton **Connexion** du gestionnaire de sites, la connexion est immédiatement établie sur le serveur FTP. Le message d'accueil, et différentes informations, s'affichent dans le premier cadre.

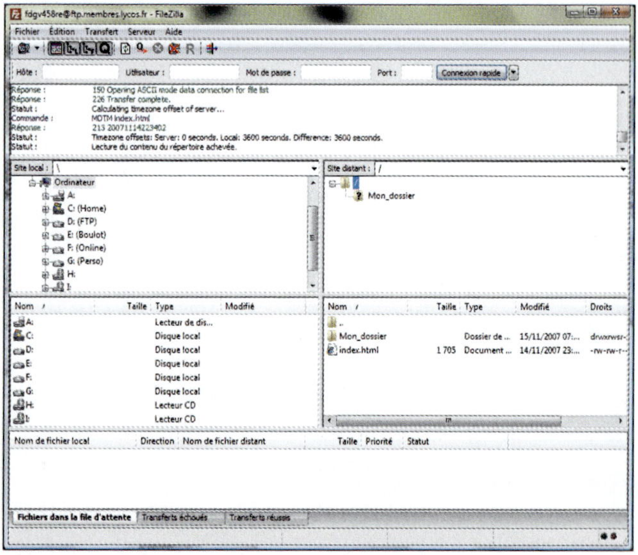

2 Votre espace, sur le serveur qui héberge votre blog, apparaît dans le cadre de droite. Il contient vos dossiers et tous vos fichiers.

3 Le contenu du répertoire principal de votre espace est disponible dans le dernier cadre, à droite.

4 Parcourez vos dossiers pour sélectionner un fichier à transférer à partir de l'Explorateur de fichiers disponible dans le cadre de gauche.

Un transfert rapide

Rien ne vous interdit de sélectionner la totalité des dossiers et fichiers de votre site pour les déposer dans votre espace FTP. De cette façon, vous êtes sûr que l'arborescence du site sera parfaitement dupliquée en ligne.

5 Après avoir sélectionné le dossier de votre choix, cliquez sur un fichier.

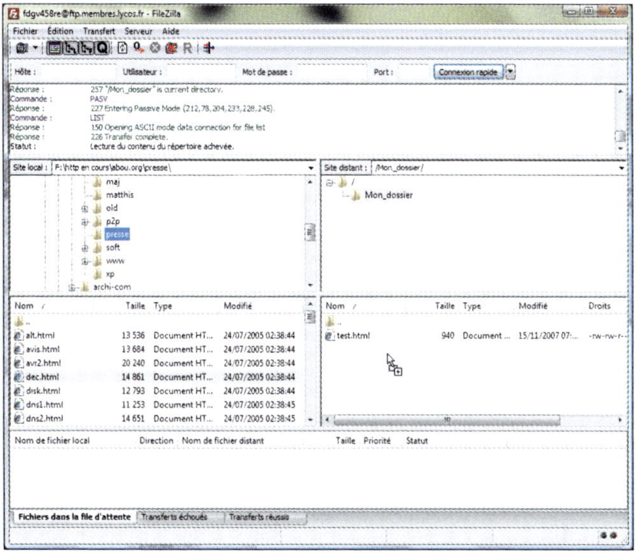

6 Tout en maintenant le bouton de la souris enfoncé, déplacez le fichier dans le cadre du serveur FTP.

7 Relâchez le bouton de la souris pour déposer le fichier. Le transfert est immédiat.

Faites la promotion de votre blog par email

Vous pouvez créer, dans votre logiciel de courrier électronique, une signature qui sera envoyée avec tous vos messages. Dans ces conditions, rien ne vous interdit d'y indiquer l'adresse de votre blog.

1 Démarrez votre logiciel de messagerie. Dans notre exemple, nous avons adopté Windows Mail.

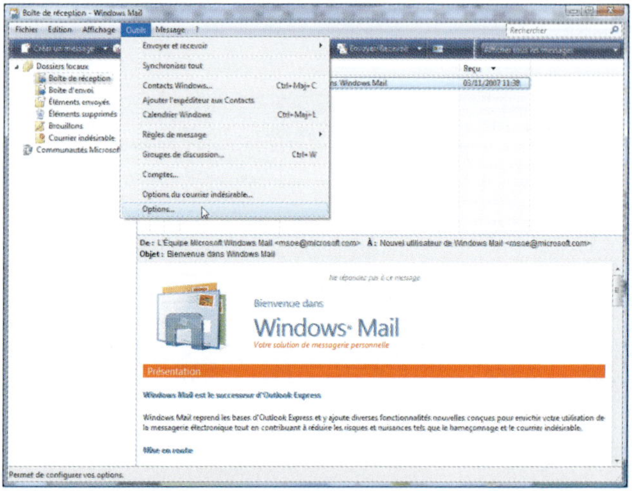

2 Sélectionnez la commande **Options** du menu **Outils** pour afficher une boîte de dialogue qui contient plusieurs onglets. L'un d'entre eux va vous permettre de créer votre signature de courrier électronique.

Ne pas abuser

Une signature doit rester discrète et légère. Il n'est pas conseillé d'y intégrer des images ou des animations. Elles ralentiront systématiquement le transfert de vos messages. Ce qui peut déranger vos correspondants.

3 Cliquez sur l'onglet **Signatures**.

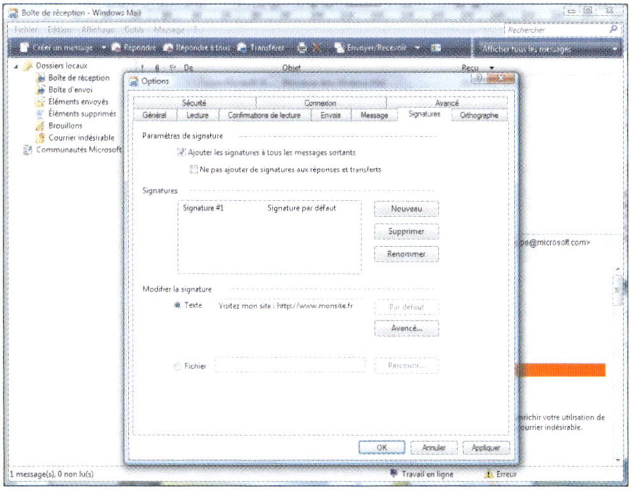

4 Cochez l'option *Ajouter les signatures à tous les messages sortants.*

5 Cliquez sur le bouton **Nouveau** pour ajouter une signature. Si vous envisagez d'en utiliser plusieurs selon vos correspondants, vous pouvez leur donner un nom. Cliquez sur le bouton **Renommer**.

6 Saisissez le texte de votre signature directement dans le cadre prévu à cet effet.

7 Cliquez sur le bouton OK pour refermer la boîte de dialogue et enregistrer votre signature.

Auditez votre référencement

Inscrire l'adresse de son blog dans les index des moteurs de recherche ne suffit pas. Vous devez également suivre l'évolution de sa position dans les pages de résultat de ces services. Puis, si nécessaire, ajouter du contenu dans votre espace pour améliorer sa position. Le suivi du référencement est donc essentiel. Et il existe des outils conçus à cet effet.

1 Connectez-vous sur la page dédiée aux outils de référencement du site Abondance : http://audit.abondance.com.

2 Vous disposez, sous la première section de la page, de plusieurs outils d'analyse que vous pourrez appliquer aux pages de votre blog. Vous pourrez ainsi améliorer leur contenu pour mieux les référencer en fonction du résultat que vous obtiendrez.

3 La dernière section propose des outils permettant de vérifier votre positionnement à partir de mots-clés de votre choix.

Fiche pratique 16

Connaître votre popularité

Utilisez les différents outils proposés sur les sites du réseau Abondance pour en savoir plus sur la popularité de votre blog sur le Web.

4 En indiquant l'adresse de votre site dans la première zone de texte, vous obtenez plusieurs conseils pour optimiser son référencement.

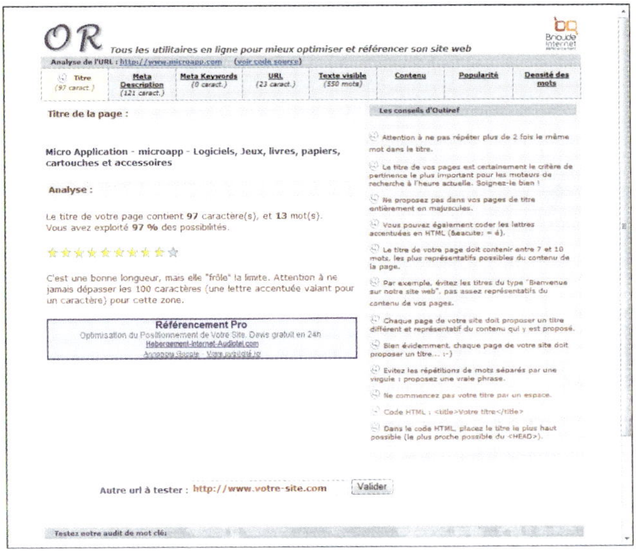

5 Le résultat de l'analyse de votre page est accompagné de commentaires et conseils. N'hésitez pas à les appliquer à la lettre.

6 Utilisez les liens proposés en haut de page pour consulter les autres rapports d'analyse.

Référencez-vous manuellement

Le référencement constitue généralement la dernière étape de votre projet de création d'espace sur le Web. Il convient de ne pas la négliger et d'employer des outils qui vous aideront à mener à bien cette tâche.

Procédez ainsi :

1 Connectez-vous sur le site Soumission-Manuelle à l'adresse suivante : www.soumission-manuelle.com.

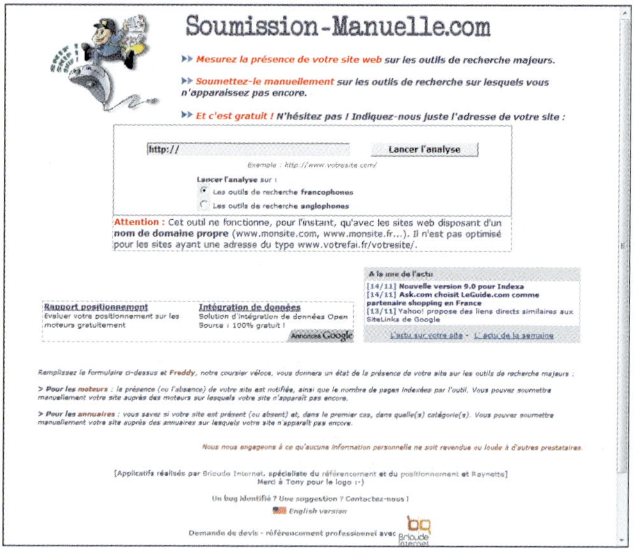

2 Saisissez l'adresse de la page d'accueil de votre blog.

3 Cliquez sur le bouton **Lancer l'analyse** pour envoyer votre requête au service.

Gagner du temps

Le référencement manuel prend beaucoup de temps. Il faut se connecter sur tous les sites et trouver leur page de soumission, ce qui n'est pas toujours évident. L'intérêt du service, ici, consiste à vous éviter cette recherche. Très efficace.

4 La page qui s'affiche propose un tableau avec les principaux moteurs de recherche sur le Web francophone.

5 Le texte qui apparaît sur un fond rouge signifie qu'aucune des pages de votre site n'est présente dans le moteur de recherche correspondant. Si c'est le cas, vous devez utiliser les liens proposés pour le référencer manuellement.

6 Cliquez sur les icônes *Liste des pages indexées* pour obtenir une liste de toutes les pages enregistrées de votre blog dans la base de données du moteur de recherche correspondant.

7 Cliquez sur les icônes *Soumettez votre site sur ce moteur* pour référencer manuellement votre blog sur le service concerné.

Déclarez les données collectées

Si vous avez créé un blog commercial et que celui-ci récolte des données sur vos visiteurs (les adresses électroniques de ceux qui laissent un commentaire sur vos billets, par exemple), il convient alors de déclarer votre blog sur le site de la CNIL.

1 Connectez-vous sur le site de la Commission nationale de l'informatique et des libertés à l'adresse suivante : www.cnil.fr.

2 L'actualité de la commission est présentée dans la partie centrale du site.

3 Vous pouvez vous abonner à la lettre d'informations du service ou consulter de nombreux dossiers à partir des différentes sections proposées dans la colonne de gauche.

4 Pour remplir vos formalités, cliquez sur le lien *Déclarer* disponible en haut de page.

En savoir plus sur vos obligations

Le Forum des droits sur l'Internet propose une section entièrement dédiée aux obligations des entreprises sur Internet. Connectez-vous ici : www.foruminternet.org/particuliers/fiches-pratiques/entreprises.

5 Les modes d'emploi, pour effectuer vos déclarations, sont tous téléchargeables.

6 Le dernier lien de la section *Téléprocédure* vous permet d'accéder à une page dédiée à la déclaration de votre site ou de votre blog.

7 Avant de remplir une déclaration en ligne, il est conseillé de cliquer sur le lien *rien à déclarer !*. Dans certains cas, il est effectivement possible de ne pas déclarer votre blog sur le site de la CNIL.

Sauvegardez votre blog

Windows Vista intègre un Assistant spécifique pour effectuer vos sauvegardes. Utilisez ses services, vous ne le regretterez pas.

1 Ouvrez la fenêtre du Centre de sécurité de Windows.

2 Cliquez, dans la colonne de gauche, sur le lien *Sauvegarder et restaurer.*

3 Dans la nouvelle fenêtre qui apparaît, cliquez sur le premier bouton **Sauvegarder les fichiers**.

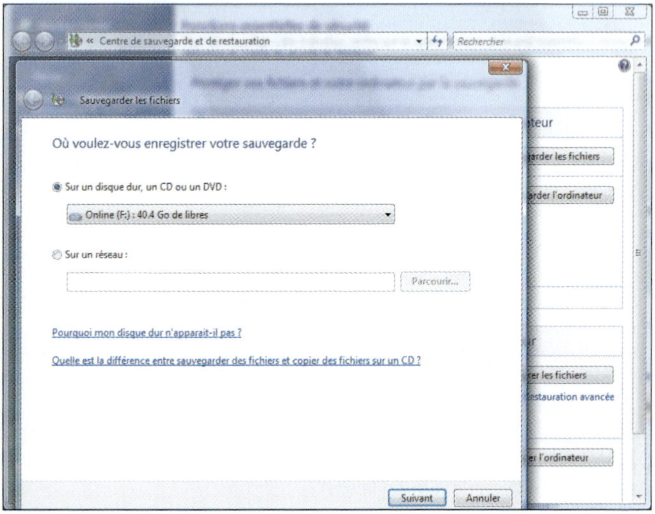

4 Dans la nouvelle boîte de dialogue qui s'affiche, indiquez le support sur lequel doit être enregistrée la sauvegarde de votre blog.

5 Cliquez sur le bouton **Suivant**.

6 Cochez le disque qui contient toutes les pages de votre espace web.

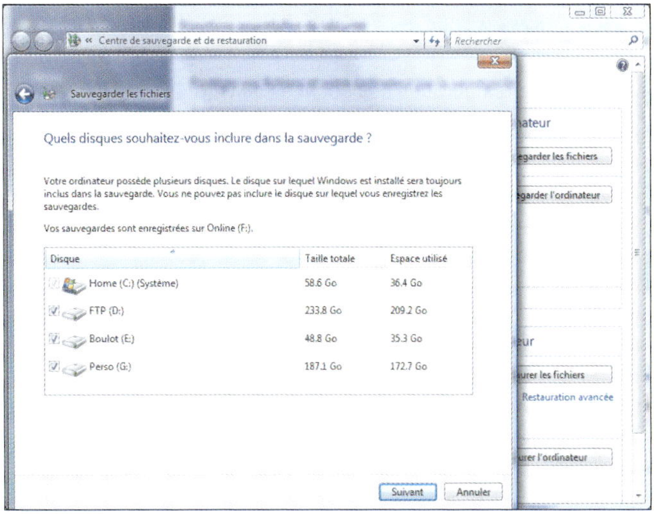

7 Sélectionnez le bouton **Suivant** pour indiquer les fichiers que vous souhaitez sauvegarder. L'enregistrement de vos données démarrera immédiatement après. Vous aurez la possibilité de définir une plage horaire pour automatiser la sauvegarde de votre blog.

Des supports de sauvegarde fiables

Si vous effectuez vos sauvegardes sur un CD ou un DVD, optez pour des produits de marque. Il n'est pas rare que des supports d'enregistrement de mauvaise qualité ne soient plus lisibles peu de temps après la gravure.

Restaurez votre blog

La procédure de restauration des données de votre blog s'avère aussi simple que celle qui vous a permis de le sauvegarder lors de la fiche précédente.

1 Ouvrez la fenêtre du Centre de sécurité de Windows.

2 Cliquez, dans la colonne de gauche, sur le lien *Sauvegarder et restaurer*.

3 Dans la nouvelle fenêtre qui apparaît, cliquez sur le troisième bouton **Restaurer les fichiers**.

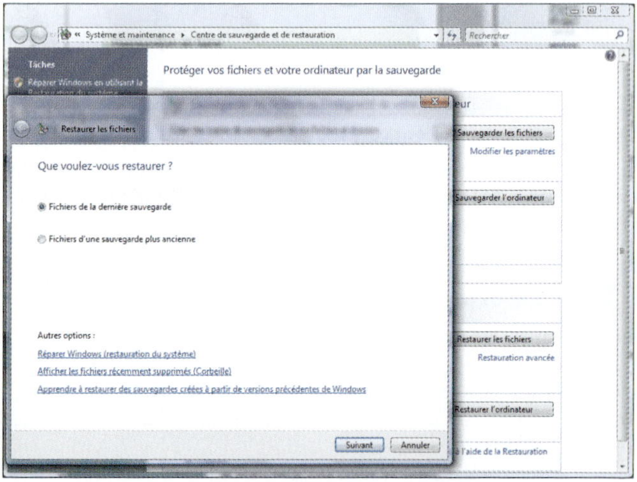

4 Dans la nouvelle boîte de dialogue qui s'affiche, indiquez l'emplacement du fichier de sauvegarde que vous souhaitez restaurer.

5 Cliquez sur le bouton **Suivant**.

6 Dans la fenêtre **Restaurer les fichiers**, sélectionnez les fichiers et les dossiers que vous souhaitez restaurer.

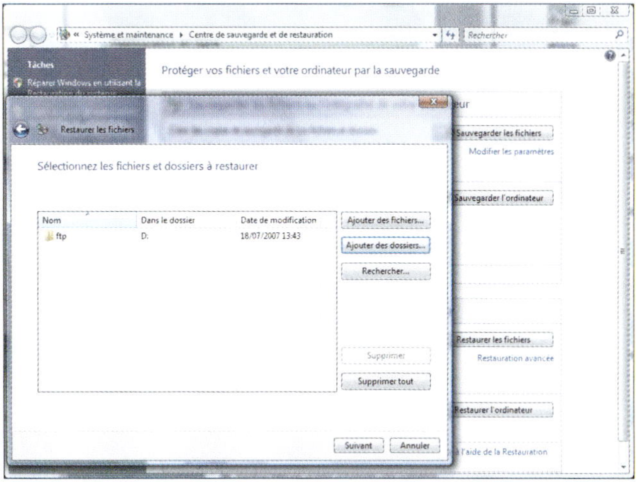

7 Cliquez sur le bouton **Ajouter des fichiers** ou **Ajouter des dossiers** pour restaurer les données de votre choix.

8 Les fichiers et les dossiers à restaurer apparaissent dans le tableau prévu à cet effet.

9 Cliquez sur le bouton **Suivant** pour démarrer la restauration des données à l'endroit que vous indiquerez.

Index

O-P

R

S-T

U-V-W-Y

Composé en France par Jouve
11, bd de Sébastopol - 75001 Paris

***Aubin Imprimeur** - Ligugé, Poitiers* D.L. août 2008 / Impr. : P 72380 / Imprimé en France